教養
日本語

머리말

언어는 문화와 사회를 이해하는 데 가장 기본이 되는 도구라고 할 수 있다. 그러므로 어느 특정 지역을 체계적이고 종합적으로 이해하기 위해서는 언어의 습득이 무엇보다 선행되어야 할 것이다. 그러나 실제로 외국어를 접하고 그것을 능숙하게 구사하기까지는 많은 인내와 노력이 필요하다. 그래서 우리는 외국어를 효과적으로 학습하기 위한 여러 가지 궁리를 하게 되고 그 궁리의 하나로서 좋은 교재를 선택하려고 한다.

이 책은 일본어를 처음 배우는 학습자를 위하여 일본어의 기초적인 문법부터 체계적으로 학습할 수 있도록 하였다. 1課는 문자를, 2課는 인사말을, 3課부터는 도입부를 제시한 후 본문을 두 번 들려준 다음 본문을 학습하도록 하였다. 11課를 제외한 나머지 본문에서는 세 명의 등장 인물로 구성된 하나의 연결된 스토리와 대화체 문장으로 꾸밈으로써 학습자들이 살아있는 일본어를 일상 생활에서 유용하게 쓸 수 있도록 하였다. 문법을 다룬 문형에서는 완전한 문장을 여러 개 제시하여 문법을 학습할 수 있도록 하였고 연습문제는 다양한 문제풀이를 통해 그 課의 중요한 문법과 문형을 자연스럽게 익힐 수 있도록 구성하였다.

거의 1년에 걸친 제작 과정을 통해 일본어의 기초를 단계적으로 학습할 수 있는 교재를 부족하나마 완성하였다. 이 책을 통하여 좀더 많은 일본어 학습자가 일본어에 친숙해지고 하루 빨리 숙달되기를 바란다.

저자 일동

目次

主な登場人物

李有美
（日本学科２年生）

山田裕子
（留学生、２年生）

朴智恩
（経営学部２年生、ギター部員）

鈴木武
（日本の大学生、２年生）

教養

日本語

町田小雪, 兪京和, 佐藤淳一 공저

1 文字と発音

五十音図（清音）

ひらがな

あ	か	さ	た	な	は	ま	や	ら	わ	ん
い	き	し	ち	に	ひ	み		り		
う	く	す	つ	ぬ	ふ	む	ゆ	る		
え	け	せ	て	ね	へ	め		れ		
お	こ	そ	と	の	ほ	も	よ	ろ	を	

カタカナ

ア	カ	サ	タ	ナ	ハ	マ	ヤ	ラ	ワ	ン
イ	キ	シ	チ	ニ	ヒ	ミ		リ		
ウ	ク	ス	ツ	ヌ	フ	ム	ユ	ル		
エ	ケ	セ	テ	ネ	ヘ	メ		レ		
オ	コ	ソ	ト	ノ	ホ	モ	ヨ	ロ	ヲ	

ひらがな

あ	い	う	え	お
a	i	u	e	o
一 ナ あ	ι い	` う	` え	一 お お
あ あ	い い	う う	え え	お お

あさ	いえ	うし	えき	おい
아침	집	소	역	남자 조카

か	き	く	け	こ
ka	ki	ku	ke	ko
つ カ か	一 ニ キ き	く	ι に け	⁻ こ
か か	き き	く く	け け	こ こ

かさ	きく	くつ	けむり	こい
우산	국화	구두	연기	잉어

さ	し	す	せ	そ
sa	shi	su	se	so
一 さ さ	し	一 す	一 ナ せ	⁻ ７ そ
さ さ	し し	す す	せ せ	そ そ

さかな　しお　すいか　せみ　そら

물고기, 생선　소금　수박　매미　하늘

た	ち	つ	て	と
ta	chi	tsu	te	to
一 ナ た た	一 ち	つ	て	ヽ と
た た	ち ち	つ つ	て て	と と

たこ　ちかてつ　つくえ　て　とり

연　지하철　책상　손, 팔　새

な	に	ぬ	ね	の
na	ni	nu	ne	no

なし　にわとり　いぬ　ねこ　のり

배(과일)　닭　개　고양이　김

は	ひ	ふ	へ	ほ
ha	hi	fu	he	ho

はな　ひと　ふね　へや　ほし

꽃　사람　배　방　별

ま	み	む	め	も
ma	mi	mu	me	mo
ー ニ ま	ス み	ー む む	\ め	し も も
ま ま	み み	む む	め め	も も

まめ　みみ　むし　め　もも

콩　귀　벌레　눈　복숭아

や		ゆ		よ
ya		yu		yo
つ ぅ や		ゆ ゆ		ー よ
や や		ゆ ゆ		よ よ

やま　ゆめ　よる

산　꿈　밤

ら	り	る	れ	ろ
ra	ri	ru	re	ro

さくら　りす　さる　れきし　ろく

벚꽃　다람쥐　원숭이　역사　육(6)

わ		を		ん
wa		o		n

かわ　にほん

강　일본

濁音

が	ざ	だ	ば	ぱ
ぎ	じ	ぢ	び	ぴ
ぐ	ず	づ	ぶ	ぷ
げ	ぜ	で	べ	ぺ
ご	ぞ	ど	ぼ	ぽ

が	ぎ	ぐ	げ	ご
ga	gi	gu	ge	go

てがみ	かぎ	かぐ	げんかん	ごみばこ
편지	열쇠	가구	현관	휴지통

ざ	じ	ず	ぜ	ぞ
za	ji	zu	ze	zo

ざるそば	にじ	すずめ	かぜ	かぞく
메밀국수	무지개	참새	바람	가족

だ	ぢ	づ	で	ど
da	ji	zu	de	do

だいがく	はなぢ	おこづかい	でんわ	まど
대학	코피	용돈	전화	창문

ば	び	ぶ	べ	ぼ
ba	bi	bu	be	bo

かばん	はなび	ぶた	くちべに	つぼ
가방	불꽃놀이	돼지	립스틱	항아리

ぱ	ぴ	ぷ	ぺ	ぽ
pa	pi	pu	pe	po

かんぱい	えんぴつ	てんぷら	ぺこぺこ	たんぽぽ
건배	연필	튀김	배가 고픈 모양	민들레

拗音

きゃ	しゃ	ちゃ	にゃ	ひゃ	みゃ	りゃ
きゅ	しゅ	ちゅ	にゅ	ひゅ	みゅ	りゅ
きょ	しょ	ちょ	にょ	ひょ	みょ	りょ

しゅみ	おちゃ	こんにゃく	りょかん
취미	차	곤약(음식)	여관

ぎゃ	じゃ	ぢゃ	びゃ	ぴゃ
ぎゅ	じゅ	ぢゅ	びゅ	ぴゅ
ぎょ	じょ	ぢょ	びょ	ぴょ

ぎゅうにゅう	じゃんけん	びょうき	ぴょんぴょん
우유	가위바위보	병	깡충깡충

撥音

えんぴつ	かんじ	まんが	おでん	でんわ
연필	한자	만화	오뎅	전화

促音

にっき	ざっし	きって	にっぽん
일기	잡지	우표	일본

長音

おかあさん	(어머니)
おにいさん	(오빠, 형)
ふうふ	(부부)
おねえさん／せんせい	(언니, 누나/선생님)
おおもり／おとうさん	(곱배기/아버지)

カタカナ

ア	イ	ウ	エ	オ
a	i	u	e	o

アイスクリーム
아이스크림

ウェイトレス
웨이트리스

オレンジ
오렌지

カ	キ	ク	ケ	コ
ka	ki	ku	ke	ko

カメラ
카메라

ケーキ
케익

コーヒー
커피

サ	シ	ス	セ	ソ
sa	shi	su	se	so

サーカス
서커스

シャワー
샤워

ソーセージ
소시지

タ	チ	ツ	テ	ト
ta	chi	tsu	te	to

タクシー	デザート	シャツ
택시	디저트	셔츠

ナ	ニ	ヌ	ネ	ノ
na	ni	nu	ne	no

ニュース	ネクタイ	ノート
뉴스	넥타이	노트

ハ	ヒ	フ	ヘ	ホ
ha	hi	fu	he	ho

ハンバーガー	エビフライ	ホットドッグ
햄버거	새우튀김	핫도그

マ	ミ	ム	メ	モ
ma	mi	mu	me	mo

マスコミ	ゲーム	メモ
매스컴	게임	메모

ヤ		ユ		ヨ
ya		yu		yo

タイヤ　　ユーモア　　ヨーグルト

타이어　　유머　　요구르트

ラ	リ	ル	レ	ロ
ra	ri	ru	re	ro

ラーメン　　リゾート　　チョコレート

라면　　리조트　　초콜릿

ワ		ヲ		ン
wa		o		n

ワイン　　パンダ

와인　　팬더곰

2 こんにちは

それぞれのあいさつはどんな場面で使われるでしょうか。

각 인사말은 어떤 장면에서 쓰일까요?

아침

おはようございます。

ーおはようございます

낮

こんにちは。ー　こんにちは。

저녁

こんばんは。ー　こんばんは。

잠잘 때 / 밤에 헤어질 때

おやすみなさい。ー　おやすみなさい。

사무실을 방문할 때

どうぞ。ー　失礼します。

집을 방문할 때

おじゃまします。

감사할 때

ありがとうございます。ー　いいえ。

사죄할 때

すみません。ー　いいえ。

식사 전

いただきます。

식사 후

ごちそうさまでした。

외출할 때

行ってきます。

배웅할 때

行ってらっしゃい。

귀가했을 때

ただいま。

마중할 때

おかえりなさい。

練習問題

1 다음 보기와 같이 밑줄을 채워 보세요.

보기　A : おはようございます。

　　　B : おはようございます。

(1) A : こんにちは。

　　B : ____________________

(2) A : ありがとうございます。

　　B : ____________________

(3) A : ____________________

　　B : いってらっしゃい。

(4) A : ____________________

　　B : おかえりなさい。

2 그림에 해당하는 인사말을 적어 보세요.

(1)

(2)

(3)

3 받아 쓰세요.

(1)

(2)

(3)

(4)

(5)

3 はじめまして

裕子が初めて会う人は誰で、どんな人でしょうか。

유우코가 처음 만나는 사람은 누구이고 어떤 사람일까요?

李　：裕子さん。こんにちは。

山田：あ、こんにちは。有美さん。

こちらはお友達ですか。

李　：はい、そうです。友達の智恩さんです。

朴　：はじめまして。朴智恩と申します。

どうぞよろしくお願いします。

山田：こちらこそよろしく。

智恩さんは日本学科の学生ですか。

朴　：いいえ、日本学科じゃありません。

私は経営学部の２年生です。

山田：あ、そうですか。私も２年生です。

有美さん、これから日本語の授業ですか。

李　：ええ。それじゃ、また。

山田：じゃ、また。

文型

1 智恩さんです。

・田中さんです。
・金さんです。

2 こちらはお友達ですか。

・山田さんは学生ですか。
・李さんは会社員ですか。

3 日本学科じゃありません。

・私は先生じゃありません。
・李さんは日本人じゃありません。

4-1 友達の智恩さんです。

・私は社長の金です。
・こちらは留学生の山田さんです。

4-2 経営学部の2年生です。

・淑明女子大学の学生です。
・日本学科の先生です。

5 私も2年生です。

・朴さんも韓国人です。
・彼もアメリカ人です。

練習問題

1 밑줄의 이름을 바꾸며 연습해 보세요.

A：はじめまして。朴智恩と申します。
どうぞよろしくお願いします。

B：はじめまして。山田裕子です。
こちらこそよろしくお願いします。

2 질문에 일본어로 답해 보세요.

(1) ______さんは日本学科の学生ですか。

➡

(2) ______さんは経営学部ですか。

➡

(3) ______さんは2年生ですか。

➡

3 일본어로 바꾸어 보세요.

(1) 이쪽은 친구입니까?

➡

(2) 나는 경영학부 2학년입니다.

➡

(3) 지금부터 일본어 수업입니까?

➡

(4) 아니오, 일본학과가 아닙니다.

➡

(5) 친구인 朴智恩입니다.

➡

(6) 숙명여자대학교 학생입니다.

➡

(7) 나도 한국사람입니다.

➡

4 그림에 해당하는 일본어를 밑줄에 넣어 보세요.

山田 : こんにちは。有美さん。

こちらはお友達ですか。

李 : はい、そうです。友達の智恩さんです。

朴 : はじめまして。①________________

②________________

山田 : はじめまして。③________________

④________________

5 CD를 듣고 올바른 것을 고르세요.

(1) ① さど
② さどう
③ さとう

(2) ① 先生
② 学生
③ 会社員

(3) ① 日本学科
② 経営学部
③ 経済学部

(4) ① 1年生
② 2年生
③ 3年生

単語

こちら		이쪽
は		은/는
(お)友達	(お)ともだち	친구
～です		~입니다
～か		~까
はい		네
そうです		그렇습니다
～の		~인
～さん		씨, 양
はじめまして		처음 뵙겠습니다
～と申します	～ともうします	~라고 합니다
どうぞよろしくお願(ねが)いします		잘 부탁드립니다
こちらこそ		저야말로
日本学科	にほんがっか	일본학과
～の		~의
学生	がくせい	학생
いいえ		아니오
～じゃありません		~가 아닙니다
経営学部	けいえいがくぶ	경영학부
２年生	にねんせい	2학년
私	わたし	나, 저
～も		~도

- これから 지금부터
- 日本語 にほんご 일본어
- 授業 じゅぎょう 수업
- ええ 예
- それじゃ 그럼
- また 또 (만나요)

- 会社員 かいしゃいん 회사원
- 先生 せんせい 선생님
- 日本人 にほんじん 일본인
- 社長 しゃちょう 사장
- 経済学部 けいざいがくぶ 경제학부
- 留学生 りゅうがくせい 유학생
- 女子大学 じょしだいがく 여자대학교
- 韓国人 かんこくじん 한국인
- 彼 かれ 그, 그 사람
- アメリカ 미국

4 この人は誰ですか

二人が見ているものには誰がいるでしょうか。

두 사람이 보고 있는 것에는 누가 있을까요?

李　：裕子さん、これは誰のアルバムですか。

山田：私のです。これは日本の大学の写真です。

李　：へえ。この人は誰ですか。

山田：それは私の友達です。

李　：彼氏ですか。

山田：ええ、そうです。

李　：いいですね。彼氏の名前は何ですか。

山田：鈴木武です。

李　：あ、そうですか。

じゃ、この人は誰ですか。

山田：それは私の弟です。

李　：ああ、弟さんですか。

文型

1

事物	これ	それ	あれ	どれ
場所	ここ	そこ	あそこ	どこ
方向	こちら	そちら	あちら	どちら
	こっち	そっち	あっち	どっち
指示	この	その	あの	どの

2 これは誰のアルバムですか。

・A：それは何ですか。
　B：これは日本語の教科書です。
・A：あれは何ですか。
　B：あれは図書館です。

3 この人は誰ですか。

・A：これは誰ですか。
　B：これは朴さんです。
・A：名前は何ですか。
　B：鈴木武です。

4 それは私のです。

・このアルバムは山田さんのです。
・この本は友達のです。

練習問題

1 사진을 보고 대답해 보세요.

① 武　　私　　② 友達　③ 弟

보기　この人は誰ですか。

➡ 私の①友達の武さんです。

(1) この人は誰ですか。

➡ 私の② ________________ です。

(2) この人は誰ですか。

➡ 私の③ ________________ です。

練習問題

2 앞의 사진을 보고 밑줄을 완성해 보세요.

보기

A : これは誰の帽子ですか。

B : 武さんのです。

(1)

A : これは誰のかさですか。

B : ______________________

(2)

A : これは誰のかばんですか。

B : ______________________

(3)

A : これは誰のめがねですか。

B : ______________________

(4)

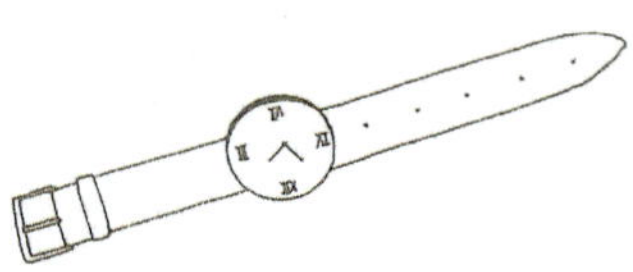

A : これは誰の時計ですか。

B : ______________________

(5)

A : ______________________

B : 私のです。

3 그림을 보고 질문에 대답해 보세요.

(1)

A : これは誰の教科書ですか。

B : ____________________

(2)

A : それは誰のぬいぐるみですか。

B : ____________________

(3)

A : あれは何ですか。

B : ____________________

単語

• 誰	だれ	누구
• これ		이것
• アルバム		앨범
• ～の		~(의) 것
• 写真	しゃしん	사진
• へえ		(감탄사)
• この		이
• 人	ひと	사람
• それ		그것
• 彼氏	かれし	남자애인
• いいですね		좋겠네요
• 名前	なまえ	이름
• 何	なに、なん	무엇
• 弟	おとうと	남동생

• 教科書	きょうかしょ	교과서
• 図書館	としょかん	도서관
• 本	ほん	책
• 帽子	ぼうし	모자

• 時計	とけい	시계
• かばん		가방
• めがね		안경
• かさ		우산
• ぬいぐるみ		봉제인형

5 いくらですか

どこで何を注文し、いくら払ったでしょうか。

어디서 무엇을 주문하고 얼마 지불했을까요?

（日本料理屋で）

店員　：　いらっしゃいませ。

山田　：　すみません。

店員　：　はい。

山田　：　牛丼一つと親子丼一つください。

李　：　それから、おみそ汁も二つください。

店員　：　はい。

李　：　日本では牛丼はいくらぐらいですか。

山田　：　そうですね…。500円ぐらいです。

山田　：　いくらですか。

店員　：　全部で11500ウォンです。

山田　：　はい。

店員　：　500ウォンのおつりです。ありがとうございました。

山田・李　：　ごちそうさまでした。

文型

1 数詞

一つ	二つ	三つ	四つ	五つ	六つ	七つ	八つ	九つ	十
ひとつ	ふたつ	みっつ	よっつ	いつつ	むっつ	ななつ	やっつ	ここのつ	とお

1(一)	2(二)	3(三)	4(四)	5(五)	6(六)	7(七)	8(八)	9(九)	10(十)
いち	に	さん	し／よん	ご	ろく	しち／なな	はち	く／きゅう	じゅう
11	12	13	14	15	16	17	18	19	
じゅういち	じゅうに	じゅうさん	じゅうし／ じゅうよん	じゅうご	じゅうろく	じゅうしち／ じゅうなな	じゅうはち	じゅうく／ じゅうきゅう	

20	30	40	50	60	70	80	90	100(百)
にじゅう	さんじゅう	よんじゅう	ごじゅう	ろくじゅう	ななじゅう	はちじゅう	きゅうじゅう	ひゃく
200	300	400	500	600	700	800	900	1000(千)
にひゃく	さんびゃく	よんひゃく	ごひゃく	ろっぴゃく	ななひゃく	はっぴゃく	きゅうひゃく	せん
2000	3000	4000	5000	6000	7000	8000	9000	10000(一万)
にせん	さんぜん	よんせん	ごせん	ろくせん	ななせん	はっせん	きゅうせん	いちまん

2 いくらですか。

・A：日本ではいくらぐらいですか。
　B：500円ぐらいです。
・A：これはいくらですか。
　B：800ウォンです。

3 全部で11500 ウォンです。

・みんなで10000ウォンです。
・二つで1000円です。

練習問題

1 아래 그림에서 음식을 골라 보기와 같은 형태로 대화를 나누어 보세요.

牛丼　500円	親子丼　450円	みそ汁　100円

보기　お客：すみません。

店員：はい。

お客：牛丼二つと親子丼一つとみそ汁一つください。

店員：はい。

お客：いくらですか。

店員：全部で1550円です。

2 그림을 보고 보기와 같이 문장을 완성해 보세요.

みかん五つ
200円

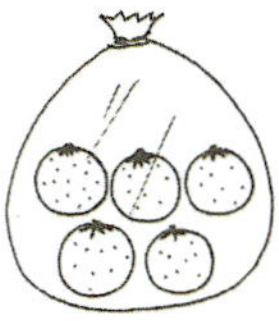

りんご三つ
350円

レモン三つ
250円

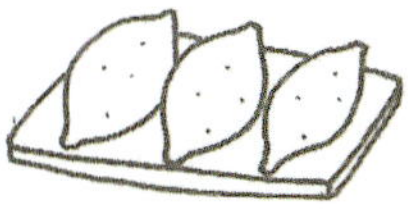

メロン一つ
3000円

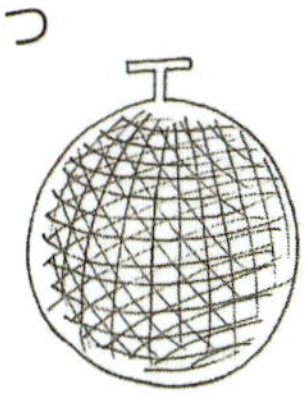

すいか一つ
1500円

보기 A: みかんはいくらですか。
B: 五つで200円です。

(1) A : りんごは ________________________________

B : 三つで ________________________________

(2) A : ________________________________

B : ______________ 250円です。

(3) A : ________________________________

B : 一つ ________________________________

(4) A : ________________________________

B : ________________________________

3 일본어로 바꾸어 보세요.

(1) 일본에서는 쇠고기 덮밥은 얼마 정도입니까?

➡

(2) 500엔 정도입니다.

➡

(3) 거스름돈 500원입니다.

➡

(4) 된장국도 두 그릇 주세요.

➡

(5) 전부 해서 만원입니다.

➡

4 CD를 듣고 얼마인지 쓰세요.

(1) ____________________円

(2) ____________________円

(3) ____________________円

(4) ____________________円

単語

いくら		얼마
いらっしゃいませ		어서 오십시오
牛丼	ぎゅうどん	쇠고기 덮밥
一つ	ひとつ	하나
と		와/과
親子丼	おやこどん	닭고기에 계란을 푼 덮밥
ください		주세요
それから		그리고
(お)みそ汁	(お)みそしる	일본식 된장국
二つ	ふたつ	둘, 두 개
～では		~에서는
～ぐらい		~정도
～円	～えん	~엔
全部で	ぜんぶで	전부 합해서
～ウォン		~원
おつり		거스름돈
ありがとうございました		감사합니다

みんな	모두
みかん	귤
りんご	사과
レモン	레몬
メロン	메론
すいか	수박

6 どこにありますか

裕子はどんなところに住んでいるでしょうか。

유우코는 어떤 곳에 살고 있을까요?

（学校の中庭で）

李　：裕子さんの家はどこですか。

山田：学校の寮です。

李　：寮はどこにありますか。

山田：スンホン館のそばにあります。ほら、あそこです。

李　：ああ、あれですね。寮には食堂もありますか。

山田：はい、あります。でも朝食と夕食だけです。お昼はありません。

李　：あ、そうですか。学生は何人いますか。

山田：たぶん200人ぐらいです。

李　：へえ、大勢いますね。日本人の留学生もいますか。

山田：ええ。でも、日本人は二人しかいません。

東南アジアやアメリカからの留学生もいますよ。

李　：じゃ、先生もいますか。

山田：いいえ、先生はいません。

文型

1 スンホン館のそばにあります。

・A：郵便局はどこにありますか。
　B：学生会館にあります。
・A：学生食堂はどこにありますか。
　B：あそこです。

2 留学生もいます。

・A：朴さんはどこにいますか。
　B：食堂にいます。
・A：教室に学生はいますか。
　B：いいえ、いません。

3 日本人は二人しかいません。

・兄弟は一人しかいません。
・お金は1000ウォンしかありません。

4 人

一人	二人	三人	四人	五人	六人
ひとり	ふたり	さんにん	よにん	ごにん	ろくにん
七人	**八人**	**九人**	**十人**	**十一人**	**十二人**
しちにん／ななにん	はちにん	きゅうにん	じゅうにん	じゅういちにん	じゅうににん

5 位置

上(うえ)

下(した)

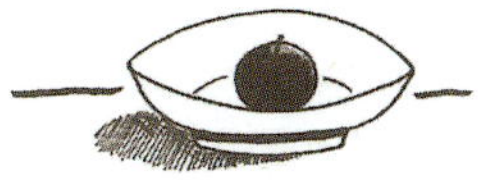

中(なか)

前(まえ)

後(うし)ろ

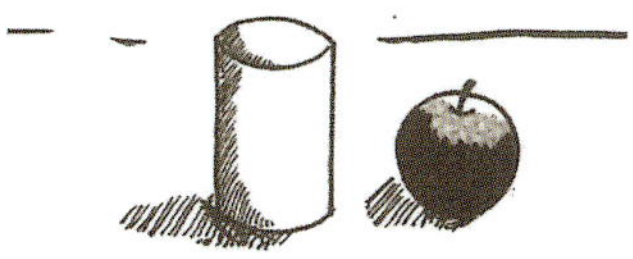

右(みぎ)

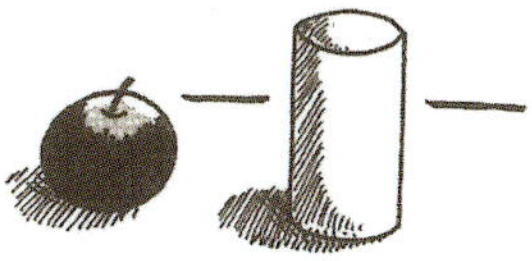

左(ひだり)

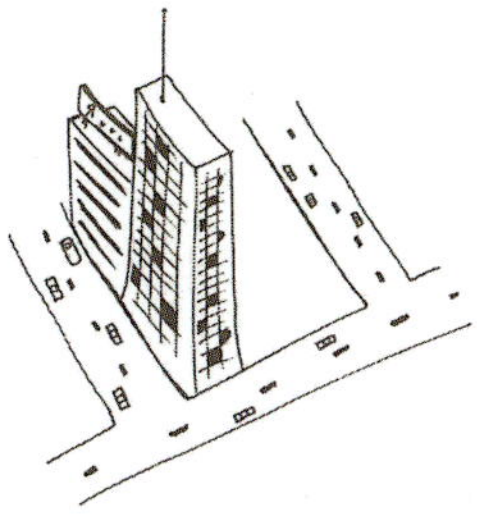

隣(となり)

横(よこ)

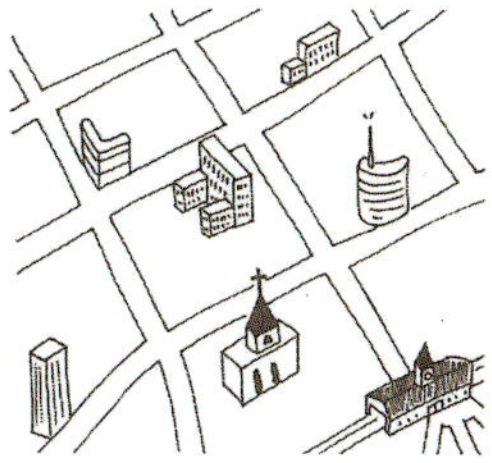

そば

練習問題

1 두 그림의 차이를 말해 보세요.

A

B

보기 Aには日本人が二人います。
Bには日本人が一人います。

(1) Aには韓国人が ________________
Bには韓国人が ________________

(2) Aにはりんごが ________________
Bには ________________

(3) Aには猫が ________________
Bには ________________

(4) Aには ________________
Bには ________________

(5) Aには ________________
Bには ________________

2 그림을 보고 밑줄을 채워 보세요.

보기　A : テニスラケットはどこにありますか。
　　　B : 本だなの後にあります。

(1) A : 時計はどこにありますか。
　　B : 本だなの ______________________

(2) A : 猫は ______________________
　　B : 椅子の ______________________

(3) A : コップは ______________________
　　B : スパゲッティの横 ______________________

(4) A : ______________________
　　B : 窓の下に ______________________

(5) A : 教科書は ______________________
　　B : テーブル ______________________

3 본문 내용을 생각하며 질문에 대답해 보세요.

(1) 裕子さんの家はどこですか。

➡

(2) 寮はどこにありますか。

➡

(3) 寮には食堂もありますか。

➡

(4) 学生は何人いますか。

➡

(5) 日本人の留学生もいますか。

➡

(6) 先生もいますか。

➡

(7) 東南アジアやアメリカからの留学生もいますか。

➡

(8) 日本人の留学生は何人いますか。

➡

単語

家	いえ、うち	집
どこ		어디
～に		～에
あります		있습니다
学校	がっこう	학교
寮	りょう	기숙사
スンホン館	スンホンかん	순헌관
そば		부근, 곁
ほら		(감탄사)
あそこ		저기, 저쪽
～ね		(종조사)
食堂	しょくどう	식당
でも		그렇지만
朝食	ちょうしょく	아침밥
夕食	ゆうしょく	저녁 식사
～だけ		～만
お昼	おひる	점심
何人	なんにん	몇 명
います		있습니다
たぶん		아마, 대개
大勢	おおぜい	많은 사람
～しか		～밖에

東南アジア	とうなんアジア	동남 아시아
～や		~랑
～から		~(로)부터, ~에서
～よ		(종조사)

郵便局	ゆうびんきょく	우체국
学生会館	がくせいかいかん	학생회관
教室	きょうしつ	교실
兄弟	きょうだい	형제
(お)金	(お)かね	돈
猫	ねこ	고양이
テニスラケット		테니스 라켓
本だな	ほんだな	책장
椅子	いす	의자
コップ		컵
スパゲッティ		스파게티
窓	まど	창문
テーブル		테이블

日本

こんにちは。

7 ここから遠いですか

有美はどんなところに住んでいるでしょうか。

유미는 어떤 곳에 살고 있을까요?

（学校の中庭で…続き）

山田：有美さんの家はここから遠いですか。

李　：いいえ。私の家は二村洞なので、遠くありません。

山田：二村洞は地下鉄もバスもあるから、便利ですね。

李　：それに、静かな住宅街だから、好きです。土曜日や日曜日には近くの公園に子どもがたくさんいます。だから、ふだんは静かですが、週末はにぎやかです。

山田：とてもいい所ですね。どんな家ですか。

李　：新しいマンションです。でも、４人家族なのに、部屋が二つしかありません。少し狭いです。

山田：有美さんは何人兄弟ですか。

李　：姉と私の二人です。

山田：お姉さんですか。私は弟だけなので、うらやましいですね。

文型

1 形容詞

	肯定	否定	＋名詞
い形容詞	ちかいです	ちかくないです／ちかくありません	ちかい所
な形容詞	しずかです	しずかじゃありません	しずかな所

い形容詞

・駅から近いです。

・ここから遠いですか。

・私の部屋は広くありません。

・ここは大きい町です。

な形容詞

・週末はとてもにぎやかです。

・鄭さんは親切じゃありません。

・彼は有名な医者です。

2 私の家は二村洞なので、遠くありません。

・夏は暑いので、嫌いです。

・彼女はきれいなので、人気があります。

3 バスもあるから、便利です。

・今日から休みだから、うれしいです。

・この小説はおもしろいから、好きです。

・交通が不便だから、人気がありません。

4 4人家族なのに、部屋が二つしかありません。

・寒いのに、ストーブもありません。
・金さんは親切なのに、恋人がいません。

5 ふだんは静かですが、週末はにぎやかです。

・金さんは学生ですが、朴さんは会社員です。
・これは安いですが、あれは高いです。
・英語は得意ですが、日本語はあまり得意じゃありません。

6 曜日

月曜日	火曜日	水曜日	木曜日	金曜日	土曜日	日曜日
げつようび	かようび	すいようび	もくようび	きんようび	どようび	にちようび

7 家族

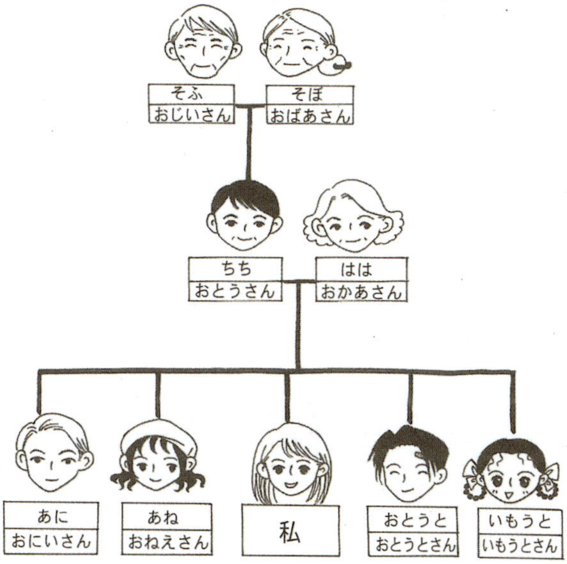

練習問題

1 다음 형용사를 보기와 같이 부정형태로 바꾸어 보세요.

보기　遠いです ➡ 遠くありません

(1) にぎやかです ➡

(2) うらやましいです ➡

(3) 便利です ➡

(4) 近いです ➡

(5) いいです ➡

(6) 新しいです ➡

(7) 狭いです ➡

2 「から」를 써서 보기와 같이 문장을 완성해 보세요.

보기　静かな住宅街です。 好きです。
➡ 静かな住宅街だから、好きです。

(1) 二村洞は地下鉄もバスもあります。 便利です。

➡

(2) 今日から休みです。 うれしいです。

➡

(3) この小説はおもしろいです。 好きです。

➡

(4) 交通が不便です。 人気がありません。

➡

3 「ので」를 써서 문장을 완성해 보세요.

보기 私は弟だけです。 うらやましいです。

➡ 私は弟だけなので、うらやましいです。

(1) 私の家は二村洞です。 遠くありません。

➡

(2) 夏は暑いです。 嫌いです。

➡

(3) 彼女はきれいです。 人気があります。

➡

4 질문에 일본어로 답해 보세요.

(1) ____________さんの家は学校から遠いですか。

➡

(2) ____________さんは何人家族ですか。

➡

(3) ____________さんは何人兄弟ですか。

➡

5 CD를 듣고 답해 보세요.

(1) ① 日本料理
② イタリア料理
③ フランス料理

(2) ① 元気な人
② 静かな人
③ きれいな人

(3) ① 学校から近い
② 交通が不便だ
③ にぎやかだ

(4) ① おじいさん
② おねえさん
③ おとうと

単語

• 遠い	とおい	멀다
• ～ので		~므로, ~기 때문에
• 地下鉄	ちかてつ	지하철
• バス		버스
• ある		있다
• ～から		~기 때문에, ~니까
• 便利だ	べんりだ	편리하다
• それに		게다가, 더구나
• 静かだ	しずかだ	조용하다
• 住宅街	じゅうたくがい	주택가
• 好きだ	すきだ	좋아하다
• だから		그래서, 그러므로
• 近く	ちかく	근처
• 公園	こうえん	공원
• ～が		~지만
• 子ども	こども	아이, 어린이
• たくさん		많이
• ふだん		평소
• 週末	しゅうまつ	주말
• にぎやかだ		북적거리다, 번화하다
• とても		매우, 아주
• いい		좋다

• **所**	ところ	곳
• **どんな**		어떤
• **新しい**	あたらしい	새롭다
• **マンション**		아파트
• **でも**		하지만
• **家族**	かぞく	가족
• **～のに**		~인데도
• **部屋**	へや	방
• **少し**	すこし	조금, 약간
• **狭い**	せまい	좁다
• **うらやましい**		부럽다

• **駅**	えき	역
• **近い**	ちかい	가깝다
• **広い**	ひろい	넓다
• **大きい**	おおきい	크다
• **町**	まち	동네
• **親切だ**	しんせつだ	친절하다
• **有名だ**	ゆうめいだ	유명하다
• **医者**	いしゃ	의사
• **夏**	なつ	여름
• **暑い**	あつい	덥다
• **嫌いだ**	きらいだ	싫어하다

彼女	かのじょ	그녀
きれいだ		예쁘다, 깨끗하다
人気	にんき	인기
今日	きょう	오늘
休み	やすみ	휴식, 휴일
うれしい		기쁘다
小説	しょうせつ	소설
おもしろい		재미있다
交通	こうつう	교통
不便だ	ふべんだ	불편하다
寒い	さむい	춥다
ストーブ		난로
恋人	こいびと	애인
安い	やすい	싸다
高い	たかい	비싸다
英語	えいご	영어
得意だ	とくいだ	잘하다
イタリア		이탈리아
フランス		프랑스
料理	りょうり	요리
元気だ	げんきだ	건강하다

8 24歳になります

有美のお姉さんはどんな人でしょうか。

유미의 언니는 어떤 사람일까요?

（学校の中庭で…続き）

山田：有美さんのお姉さんはおいくつですか。

李　：6月20日が誕生日で、満24歳になります。

山田：会社員ですか。

李　：いいえ、今年の春に小学校の教師になりました。

山田：小学校の先生ですか。有美さんも子どもが好きですか。

李　：ええ、好きですよ。子どもはすぐに大きくなりますね。

裕子さんは子どもが好きじゃありませんか。

山田：ええ、かわいいけど、私はちょっと苦手で…。

李　：でも、裕子さんもそのうち子どもが好きになりますよ。

山田：そうですね。

文型

1 6月20日が誕生日で、満24歳になります。

・５月５日は子どもの日で、祝日です。
・吉田さんは日本人で、淑明女子大学の留学生です。

2-1 満24歳になります。

・大学の教授になりました。
・彼はすっかり大人になりました。

2-2 好きになりますよ。

・ずいぶん立派になりましたね。
・すっかり日本語が上手になりました。

2-3 すぐに大きくなりますね。

・物価が高くなりました。
・急に顔が赤くなりました。

3 子どもはかわいいけど、私はちょっと苦手です。

・日本人だけど、韓国語がぺらぺらです。
・山田さんの部屋はきれいだけど、私の部屋は汚いです。

4 月日

1月	2月	3月	4月	5月	6月
いちがつ	にがつ	さんがつ	しがつ	ごがつ	ろくがつ
7月	8月	9月	10月	11月	12月
しちがつ	はちがつ	くがつ	じゅうがつ	じゅういちがつ	じゅうにがつ

1日	2日	3日	4日	5日	6日	7日	8日
ついたち	ふつか	みっか	よっか	いつか	むいか	なのか	ようか
9日	10日	11日	12日	13日	14日	15日	16日
ここのか	とおか	じゅういちにち	じゅうににち	じゅうさんにち	じゅうよっか	じゅうごにち	じゅうろくにち
17日	18日	19日	20日	21日	22日	23日	24日
じゅうしちにち	じゅうはちにち	じゅうくにち	はつか	にじゅういちにち	にじゅうににち	にじゅうさんにち	にじゅうよっか
25日	26日	27日	28日	29日	30日	31日	
にじゅうごにち	にじゅうろくにち	にじゅうしちにち	にじゅうはちにち	にじゅうくにち	さんじゅうにち	さんじゅういちにち	

5 年齢（～歳、～才）

1歳	2歳	3歳	4歳	5歳	6歳	7歳
いっさい	にさい	さんさい	よんさい	ごさい	ろくさい	ななさい
8歳	9歳	10歳	11歳	20歳	21歳	30歳
はっさい	きゅうさい	じゅっさい	じゅういっさい	はたち	にじゅういっさい	さんじゅっさい

練習問題

1 보기와 같이 「~なります」를 붙여 보세요.

보기　24歳 + なります ➡ 24歳になります。

(1) 春 + なります ➡

(2) 大きい + なります ➡

(3) 2年生 + なります ➡

(4) 高い + なります ➡

(5) 上手だ + なります ➡

2 그림을 보고 보기와 같이 말해 보세요.

ソウン(24歳)　小学校の先生

朴智恩(19歳)　大学生

鈴木武(20歳)　大学生

ブラウン(37歳)　会社員

明(あきら)(16歳)　高校生

吉田(よしだ)(28歳)　スチュワーデス

보기　ソウンさんは24歳で、小学校の先生です。

3 달력을 보고 보기와 같이 말해 보세요.

5月						
日	月	火	水	木	金	土
			①1	②2	3	③4
④5	6	7	⑤8	보기 9	⑥10	11
12	13	⑦14	15	16	⑧17	18
19	20	21	⑨22	23	24	25
26	27	28	⑩29	⑪30	⑫31	

보기　5月9日、木曜日です。

4 일본어로 대답해 보세요.

(1) 失礼ですが、おいくつですか。

(2) お誕生日はいつですか。

(3) 今日は何月何日ですか。

(4) ＿＿＿＿さんは会社員ですか。

(5) ＿＿＿＿さんは24歳ですか。

(6) ＿＿＿＿さんは子どもが好きですか。

単語

• ～歳	～さい	～세
• なります		됩니다
• (お)いくつ		몇 살
• (お)誕生日	(お)たんじょうび	생일
• 満	まん	만
• 今年	ことし	금년, 올 해
• 春	はる	봄
• 小学校	しょうがっこう	초등학교
• 教師	きょうし	교사
• なりました		되었습니다
• すぐに		즉시, 곧
• かわいい		귀엽다
• ～けど		～지만
• ちょっと		조금, 잠깐
• 苦手だ	にがてだ	다루기 어렵다, 서투르다
• そのうち		때가 되면

• 祝日	しゅくじつ	공휴일
• 教授	きょうじゅ	교수
• すっかり		완전히, 죄다
• 大人	おとな	어른
• 物価	ぶっか	물가

• 急に	きゅうに	갑자기
• 顔	かお	얼굴
• 赤い	あかい	빨갛다
• ずいぶん		몹시
• 立派だ	りっぱだ	훌륭하다
• 上手だ	じょうずだ	능숙하다, 잘하다
• ぺらぺら		유창하게 말하는 모양
• 汚い	きたない	더럽다
• 高校生	こうこうせい	고등학생
• スチュワーデス		스튜어디스
• 失礼ですが	しつれいですが	실례하지만

9 5時半に会いませんか

裕子は誰と、いつ、何をする約束をするでしょうか。

유우코는 누구와 언제 무엇을 할 약속을 할까요?

山田：智恩さん。こんにちは。

朴　：あ、裕子さん、お久しぶりです。お元気ですか。

山田：ええ、元気です。これから授業ですか。

朴　：はい、スンホン館の教室に行きます。裕子さんは。

山田：私は４時から５時まで授業です。智恩さんは何時に授業が終わりますか。

朴　：私も５時に終わります。

山田：授業の後、どこか行きますか。

朴　：いいえ、行きません。

山田：それじゃ、一緒に食事でもしませんか。

朴　：いいですね。何を食べましょうか。

山田：スパゲッティはどうですか。

朴　：いいですね。じゃ、５時半に学生会館の前で会いませんか。

山田：そうしましょう。それじゃ、またあとで。

文型

1 動詞の活用

	～ます(か)	～ません(か)	～ましょう(か)
会う	あいます	あいません	あいましょう
行く	いきます	いきません	いきましょう
待つ	まちます	まちません	まちましょう
読む	よみます	よみません	よみましょう
帰る	かえります	かえりません	かえりましょう
起きる	おきます	おきません	おきましょう
見る	みます	みません	みましょう
覚える	おぼえます	おぼえません	おぼえましょう
食べる	たべます	たべません	たべましょう
寝る	ねます	ねません	ねましょう
来る	きます	きません	きましょう
する	します	しません	しましょう

・フランス語も習います。

・A：毎日何時に寝ますか。

　B：私は毎日12時に寝ます。

・私は朝ごはんを食べません。

・今日は勉強しません。

・一緒に行きませんか。

・お酒でも飲みませんか。

・一緒に帰りましょう。

・先に出ましょう。

・何時に会いましょうか。

・映画でも見ましょうか。

2 授業は4時から5時までです。

・デパートは10時半から8時までです。

・うちの大学は朝8時から夜10時半まで授業があります。

3 時間

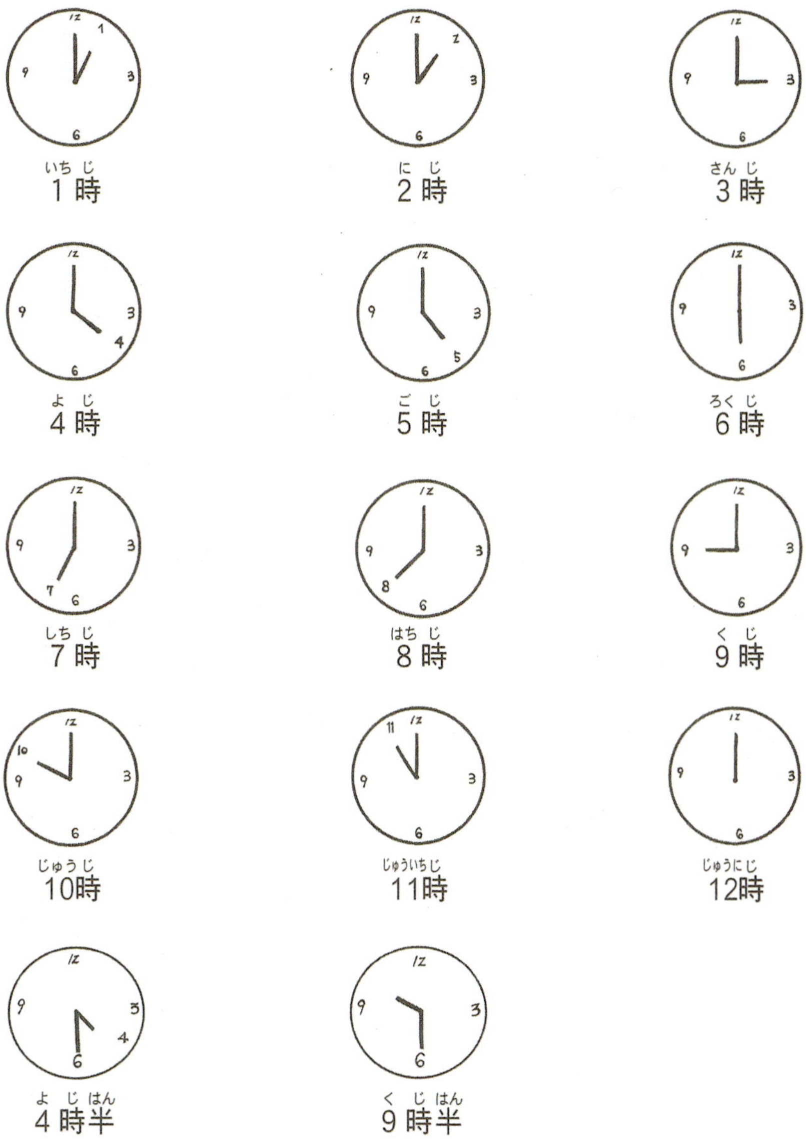

練習問題

1 빈칸을 채워 보세요.

行く	行きます	行きますか	行きません
終わる			
		会いますか	
	読みます		
			帰りません
待つ			
見る			
	寝ます		
		食べますか	
勉強する			

2 방송 프로그램을 보고 질문에 답해 보세요.

<番組表>

	日本テレビ <5>	SKUテレビ <9>
4	00 クイズ 「チャンス!」	00 テニス大会 ウィンブルドン
5	00 サッカー Jリーグ	30 クラシック音楽 チャイコフスキー
6	30 ハングル講座 55 株式ガイド	30 日本語講座
7	00 野球 韓国 対 日本	00 ドラマ「ヒーロー」 木村拓哉
8	30 地球の旅 ギリシャ	00 フランス料理 コルドン・ブルー
9	00 ニュース	00 映画 「Love Letter」岩井俊二 主演 中山美穂
10	00 のど自慢 キム・ヨンジャ	10.50 天気予報

(1) ニュースは何時から何時までですか。

➡

(2) 野球は何時から何時までですか。

➡

(3) 映画は何時に始まりますか。

➡

(4) サッカーは何時に終わりますか。

➡

(5) 日本語講座は 5 時に始まりますか。

➡

(6) クイズは 3 時半に終わりますか。

➡

3 일본어로 답해 보세요.

(1) ____________さんはたいてい何時に起きますか。

➡

(2) ____________さんは昼ごはんを何時に食べますか。

➡

(3) 日本語の授業は何時に終わりますか。

➡

(4) 授業の後、どこか行きますか。

➡

(5) 何時に家へ帰りますか。

➡

4 CD를 듣고 답해 보세요.

(1) いいで図書館　(　　:　　～　　:　　)　(　　)曜日

(2) ひうち病院　(　　:　　～　　:　　)　(　　)曜日

5 CD를 듣고 해당되는 날에 체크하세요.

(1)

4月						
日曜日	月曜日	火曜日	水曜日	木曜日	金曜日	土曜日
					1	2
3	4	5	6	7	8	9
10	11	12	13	14	15	16
17	18	19	20	21	22	23
24	25	26	27	28	29	30

(2)

9月						
日曜日	月曜日	火曜日	水曜日	木曜日	金曜日	土曜日
				1	2	3
4	5	6	7	8	9	10
11	12	13	14	15	16	17
18	19	20	21	22	23	24
25	26	27	28	29	30	

6 CD를 듣고 답해 보세요.

(1) ____________ で ____________ を ____________

(2) ____________ で ____________ を ____________

(3) ____________ で ____________ を ____________

単語

• (お)久しぶり	(お)ひさしぶり	오랜만
• お元気ですか	おげんきですか	잘 지내세요?
• 行く	いく	가다
• ～まで		～까지
• 終わる	おわる	끝나다
• 後	あと	후
• どこか		어딘가
• 一緒に	いっしょに	함께
• 食事	しょくじ	식사
• ～でも		～라도
• ～を		～을, ～를
• 食べる	たべる	먹다
• ～で		～에서
• 会う	あう	만나다
• そうする		그렇게 하다
• あとで		이따 봐(요)

• 待つ	まつ	기다리다
• 読む	よむ	읽다

• 帰る	かえる	돌아가다
• 起きる	おきる	일어나다
• 覚える	おぼえる	기억하다
• 寝る	ねる	자다
• 来る	くる	오다
• する		하다
• 毎日	まいにち	매일
• フランス語	フランスご	프랑스어
• 習う	ならう	배우다
• 勉強	べんきょう	공부
• (お)酒	(お)さけ	술
• 飲む	のむ	마시다
• 先に	さきに	먼저
• 出る	でる	나가다
• 映画	えいが	영화
• デパート		백화점
• うちの		우리
• ～時	じ	시
• 半	はん	반
• ニュース		뉴스

・**野球**	やきゅう	야구
・**始まる**	はじまる	시작되다
・**サッカー**		축구
・**講座**	こうざ	강좌
・**クイズ**		퀴즈
・**たいてい**		대개
・**(お)昼ごはん**	(お)ひるごはん	점심 식사
・**見る**	みる	보다
・**朝**	あさ	아침
・**夜**	よる	밤
・**病院**	びょういん	병원
・**休む**	やすむ	쉬다

10 雰囲気がとてもよかったです

智恩は何についてどんな話をするでしょうか。

지은이는 무엇에 대해서 어떤 이야기를 할까요?

（スパゲッティ屋で）

朴　：先週の金曜日に、うちのサークルの演奏会がありました。

山田：そうですか。会場はどこでしたか。

朴　：学校の講堂でした。

山田：どうでしたか。

朴　：雰囲気がとてもよかったです。お客さんも多かったですが、
　　　みんな静かでした。

山田：演奏はうまくいきましたか。

朴　：はい。失敗はしませんでした。

山田：演奏会はどのくらいありますか。

朴　：一年に２回開きます。次は秋にあります。

山田：秋にはぜひ聞きに行きますね。

朴　：ええ、ありがとう。

文型

1 名詞

	現在	過去
肯定	学生です	学生でした
否定	学生じゃありません	学生じゃありませんでした

・会場は学校の講堂でした。
・李さんのお父さんはお医者さんでした。
・昨日は休みじゃありませんでした。

2 な形容詞

	現在	過去
肯定	しずかです	しずかでした
否定	しずかじゃありません	しずかじゃありませんでした

・お客さんはみんな静かでした。
・家族もみんな元気でした。
・むかしは交通が便利じゃありませんでした。

3 い形容詞

	現在	過去
肯定	やすいです	やすかったです
否定	やすくありません/ やすくないです	やすくありませんでした/ やすくなかったです

・雰囲気がとてもよかったです。
・デザートもおいしかったです。
・今年の夏は暑くありませんでした。

4 動詞

	現在	過去
肯 定	ききます	ききました
否 定	ききません	ききませんでした

・失敗はしませんでした。
・電話番号を忘れました。
・今日は学校に行きませんでした。

5 秋にはぜひ聞きに行きます。

・ご飯を食べに行きましょう。
・映画でも見に行きませんか。

6 一年に2回開きます。

・一日に3度歯をみがきます。
・私の兄は一週間に2回ぐらいお酒を飲みます。

練習問題

1 보기와 같이 과거형으로 바꾸어 보세요.

보기　私の学科の演奏会があります。
➡ 私の学科の演奏会がありました。

(1) 雰囲気がとてもいいです。

➡

(2) 交通が便利じゃありません。

➡

(3) 学生じゃありません。

➡

(4) 失敗はしません。

➡

2 일본어로 바꾸어 보세요.

(1) 연주회는 어느 정도 있습니까?

➡

(2) 1년에 두 번 열립니다.

➡

(3) 가을에는 꼭 들으러 갈게요.

➡

(4) 지난 주 금요일에 우리 서클 연주회가 있었습니다.

➡

3 어제 일과표를 보고 질문에 답해 보세요.

～から	～まで	～ます	何時間
12時	7時	寝ます	7時間
7時半	8時	朝ご飯を食べます	30分
9時	5時	学校で勉強します	8時間
6時	8時半	アルバイトをします	2時間半
10時	11時	テレビを見ます	1時間

보기　A: 何時から何時までアルバイトをしましたか。
B: 6時から8時半までアルバイトをしました。
A: 何時間アルバイトをしましたか。
B: 2時間半アルバイトをしました。

(1) A：何時から何時まで寝ましたか。
B：＿＿＿＿＿＿＿＿＿＿＿＿＿＿＿＿＿＿
A：何時間寝ましたか。
B：＿＿＿＿＿＿＿＿＿＿＿＿＿＿＿＿＿＿

(2) A：朝ご飯は何時から何時まで食べましたか。
B：＿＿＿＿＿＿＿＿＿＿＿＿＿＿＿＿＿＿
A：＿＿＿＿＿＿＿＿＿＿＿＿＿＿＿＿＿＿
B：30分です。

(3) A：何時から何時まで学校で勉強しましたか。
B：＿＿＿＿＿＿＿＿＿＿＿＿＿＿＿＿＿＿
A：＿＿＿＿＿＿＿＿＿＿＿＿＿＿＿＿＿＿
B：＿＿＿＿＿＿＿＿＿＿＿＿＿＿＿＿＿＿

単語

• 雰囲気	ふんいき	분위기
• 先週	せんしゅう	지난 주
• サークル		서클, 동아리
• 演奏会	えんそうかい	연주회
• 会場	かいじょう	(연주)회장
• 講堂	こうどう	강당
• とても		아주, 매우
• どう		어떻게
• お客さん	おきゃくさん	손님
• 多い	おおい	많다
• うまくいく		잘 되다
• 失敗	しっぱい	실패, 실수
• どのくらい		어느 정도
• ～年	～ねん	～년
• ～回	～かい	～회, ～번
• 開く	ひらく	열다, 개최하다
• 次	つぎ	다음
• 秋	あき	가을
• ぜひ		꼭
• 聞く	きく	듣다, 묻다
• ～に行く	～にいく	～(하)러 가다

• (お)医者(さん)	(お)いしゃ(さん)	의사
• 昨日	きのう	어제
• 昔	むかし	옛날
• デザート		디저트
• 電話番号	でんわばんごう	전화번호
• 忘れる	わすれる	잊어버리다
• 一日	いちにち	하루
• ～度	～ど	~번
• 歯	は	이
• みがく		닦다
• ～週間	～しゅうかん	~주일
• ～時間	～じかん	~시간
• 30分	さんじっぷん、さんじゅっぷん	30분
• アルバイト		아르바이트
• テレビ		텔레비전

11 東京より札幌のほうが寒いです

日本は地理的にどんな国でしょうか。

일본은 지리적으로 어떤 나라일까요?

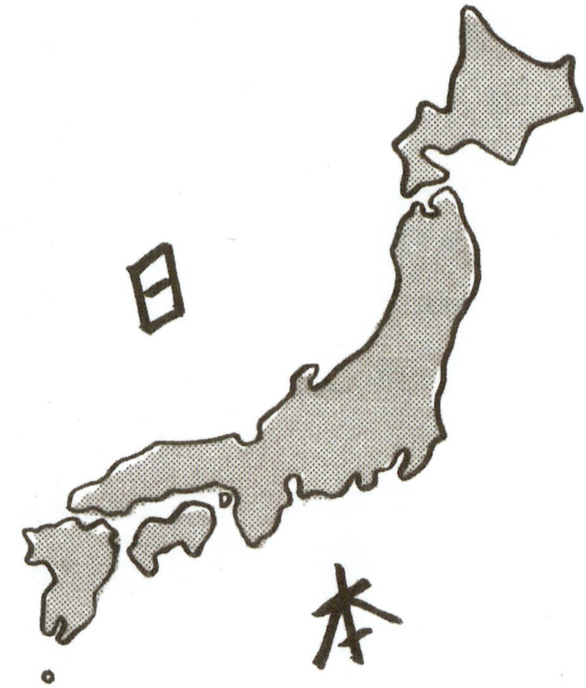

「日本地理の概略」

日本は南北に長い島国で、たくさんの島があります。本州、北海道、九州、四国が大きい島です。一番大きい島は本州です。

また、日本には47の都道府県があります。都道府県の中で北海道が一番北にあります。だから、東京やほかの都市より札幌のほうが寒いです。

一方、日本で一番暖かい地方は沖縄県です。沖縄は冬でもあまり寒くありません。

文型

1 都道府県の中で北海道が一番北にあります。

・動物の中でくじらが一番大きいです。

・Ａ：花の中で何が一番好きですか。

　Ｂ：私はさくらが一番好きです。

2 ほかの都市より札幌のほうが寒いです。

・私はジャズよりロックのほうが好きです。

・Ａ：東京とソウルとどちらのほうが大きいですか。

　Ｂ：東京のほうがソウルより大きいです。

3 東西南北（とうざいなんぼく）

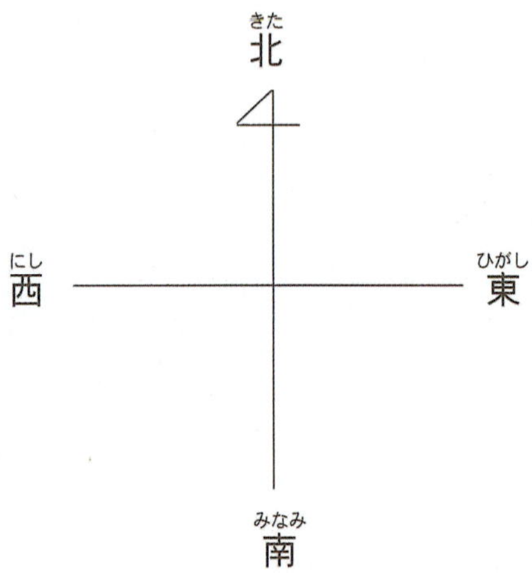

練習問題

1 질문에 대답해 보세요.

(1) 日本の都道府県の中でどこが一番北にありますか。

➡

(2) 日本にはいくつの都道府県がありますか。

➡

(3) 日本は東西に長い島国ですか。

➡

(4) 日本の大きい島、４つはどこですか。

➡

(5) 日本で一番大きい島はどこですか。

➡

(6) 日本で一番暖かい地方はどこですか。

➡

(7) 沖縄は冬、寒いですか。

➡

2-1 다음 문장을 종합하여 순서대로 네모 칸에 이름을 적어 넣고 질문에 대답해 보세요.

さん	さん	さん	さん
 16歳	 20歳	 23歳	 27歳

アンさんは良子さんより若いです。
スミンさんは良子さんより若いです。
スミンさんは里美さんより年上です。
アンさんはスミンさんより年上です。

(1) アンさんと里美さんとどちらが年下ですか。

➡

(2) スミンさんと良子さんとどちらが年上ですか。

➡

(3) 4人の中で誰が一番年下ですか。

➡

(4) 4人の中で誰が一番年上ですか。

➡

(5) スミンさんは何歳ですか。

➡

(6) アンさんは何歳ですか。

➡

2-2 다음 과일의 가격은 1000 원, 2000 원, 3000 원, 4000 원, 5000 원입니다. 문장을 종합하여 가격을 알아본 후 질문에 대답해 보세요.

りんご	メロン	ぶどう	バナナ	レモン

ウォン	ウォン	ウォン	ウォン	ウォン

バナナはりんごより安いです。
バナナはレモンより高いです。
メロンはぶどうより高いです。
りんごはぶどうより安いです。

(1) りんごとメロンとどちらが安いですか。

➡

(2) レモンとぶどうとどちらが高いですか。

➡

(3) 果物の中でどれが一番安いですか。

➡

(4) 果物の中でどれが一番高いですか。

➡

(5) バナナはいくらですか。

➡

(6) ぶどうはいくらですか。

➡

3 CD를 듣고 답해 보세요.

(1) ① 佐藤(さとう)

② 鈴木(すずき)

③ 田中(たなか)

(2) ① サッカー

② 野球

③ 相撲

4 CD를 듣고 답해 보세요.

何をしましたか。/ どうでしたか。

(1) 金曜日：＿＿＿＿＿＿＿＿ / ＿＿＿＿＿＿＿＿

(2) 土曜日：＿＿＿＿＿＿＿＿ / ＿＿＿＿＿＿＿＿

(3) 日曜日：＿＿＿＿＿＿＿＿ / ＿＿＿＿＿＿＿＿

単語

東京	とうきょう	도쿄
～より		~보다
札幌	さっぽろ	삿포로
～(の)ほう		~쪽, ~편
地理	ちり	지리
概略	がいりゃく	개략
南北	なんぼく	남북
～に		~으로
長い	ながい	길다
島国	しまぐに	섬나라
島	しま	섬
本州	ほんしゅう	혼슈
北海道	ほっかいどう	홋카이도
九州	きゅうしゅう	큐슈
四国	しこく	시코쿠
一番	いちばん	가장, 제일
また		또, 또한
都	と	행정구역(東京都)
道	どう	행정구역(北海道)

• 府	ふ	행정구역(大阪府、京都府)
• 県	けん	행정구역(沖縄県 등)
• ~(の)中で	~(の)なかで	~중에서
• 北	きた	북, 북쪽
• ほか		다른, 그 외
• 都市	とし	도시
• 一方	いっぽう	한편
• 暖かい	あたたかい	따뜻하다
• 地方	ちほう	지방
• 沖縄	おきなわ	오키나와
• 冬	ふゆ	겨울
• あまり		그다지, 별로

• 動物	どうぶつ	동물
• くじら		고래
• 花	はな	꽃
• さくら		벚꽃
• ジャズ		재즈
• ロック		락
• ソウル		서울

• **東西**	とうざい	동서
• **若い**	わかい	젊다
• **年下**	としした	연하
• **年上**	としうえ	연상
• **バナナ**		바나나
• **ぶどう**		포도
• **果物**	くだもの	과일
• **スポーツ**		스포츠
• **相撲**	すもう	스모
• **今週**	こんしゅう	이번 주
• **忙しい**	いそがしい	바쁘다
• **疲れる**	つかれる	피곤하다
• **暇だ**	ひまだ	한가하다

12 解説をよく読んでください

先生は有美の質問にどのように対応するでしょうか。

선생님은 유미의 질문에 어떻게 대할까요?

（教室で）

李　：先生、ちょっと質問があります。

山田：はい、どうぞ。

李　：あの、この練習問題がよくわからないんですが…。

山田：これは先週の授業で習いましたね。

李　：あ、そうですか。

山田：そうですよ。もう一度、教科書の解説をよく読んでください。

李　：はい。

山田：もう一度、読んでもわからなかったら、また質問してください。

李　：わかりました。

山田：それに、これはとても重要な文型ですから、忘れないでください。

李　：はい。どうもありがとうございました。

文型

1 動詞の「て形」

会う → あって 立つ → たって 座る → すわって	見る → みて	来る → きて
書く → かいて 泳ぐ → およいで ※行く → いって	食べる → たべて	する → して
死ぬ → しんで 遊ぶ → あそんで 読む → よんで		
話す → はなして		

・解説をよく読んでください。

・ここに座ってください。

2 動詞の「ない形」

会う → あわない 書く → かかない 立つ → たたない 座る → すわらない	見る → みない 食べる → たべない	来る → こない する → しない

・重要な文型ですから、忘れないでください。

・ここでたばこを吸わないでください。

3 この問題がよくわからないんですが。

・ちょっと具合が悪いんですが。

・A：どこへ行くんですか。
　B：買い物に行きます。

・A：どうして食べないんですか。
　B：おさしみは嫌いなんです。

4 〜たら

	辞書形	肯定	否定
い形容詞	寒い	さむかったら	さむくなかったら
な形容詞	ひまだ	ひまだったら	ひまじゃなかったら
名　詞	友達	ともだちだったら	ともだちじゃなかったら
動　詞	話す	はなしたら	はなさなかったら

・わからなかったら、また質問してください。

・東京に着いたら、連絡してください。

・心配だったら、見に行きましょう。

5 読んでもわからなかったら、また質問してください。

・私は暑くても、エアコンを使いません。

・今日は休みでも、朝から忙しいです。

・英語の文法は簡単でも、単語は難しいです。

練習問題

1 다음 약도를 보고 질문에 대답해 보세요.

보기　A：すみません、病院はどこですか。
　　　B：病院ですか。
　　　A：はい。
　　　B：ここをまっすぐ行きます。
　　　　そして、二つ目の角を左に曲がってください。
　　　　すると、右側に病院があります。
　　　　学校の隣です。

(1) 本屋　(2) 薬屋　(3) 郵便局　(4) デパート　(5) うどん屋

2 다음 문장을 일본어로 바꾸어 보세요.

(1) 이 연습문제를 잘 모르겠는데요.

➡

(2) 한 번 더 교과서의 해설을 잘 읽어 주세요.

➡

(3) 한 번 더 읽어도 모르면 또 질문해 주세요.

➡

(4) 매우 중요한 문형이니까 잊지 말아 주세요.

➡

(5) 몸이 좀 안 좋은데요.

➡

3 빈칸을 채워 보세요.

分かる	分かって	分からない
習う		
	読んで	
質問する		
		忘れない
	会って	
	立って	
座る		
		見ない
食べる		
	来て	

単語

• 解説	かいせつ	해설
• 質問	しつもん	질문
• あの		저
• 練習問題	れんしゅうもんだい	연습문제
• わかる		알다, 이해하다
• ～んですが		~(인)데요
• もう一度	もういちど	한 번 더
• ～ても		~(해)도
• ～たら		~(하)면
• 重要だ	じゅうようだ	중요하다
• 文型	ぶんけい	문형

• 立つ	たつ	서다
• 座る	すわる	앉다
• 書く	かく	쓰다
• 泳ぐ	およぐ	헤엄치다
• 死ぬ	しぬ	죽다
• 遊ぶ	あそぶ	놀다
• 話す	はなす	이야기하다
• たばこ		담배
• 吸う	すう	피우다
• 悪い	わるい	나쁘다
• 具合	ぐあい	몸의 상태, 컨디션
• どうして		왜

- 買い物　かいもの　쇼핑, 장보기
- (お)さしみ　　생선회
- 着く　つく　도착하다
- 連絡する　れんらくする　연락하다
- 心配だ　しんぱいだ　걱정이다
- エアコン　　에어컨
- 使う　つかう　사용하다
- 文法　ぶんぽう　문법
- 簡単だ　かんたんだ　간단하다
- 単語　たんご　단어
- 難しい　むずかしい　어렵다
- まっすぐ　　곧장, 쭉
- そして　　그리고
- ～目　～め　~번째
- 角　かど　길 모퉁이
- 曲がる　まがる　돌다, 꺾어들어가다
- すると　　그러면
- 右側　みぎがわ　오른편
- 本屋　ほんや　서점
- 薬屋　くすりや　약국
- うどん屋　うどんや　우동가게

13 学生食堂でお昼を食べています

裕子は誰とどんな約束をするでしょうか。

유우코는 누구와 어떤 약속을 할까요?

（携帯電話で）

山田：はい、山田です。

李　：もしもし、裕子さん。こんにちは。私、有美ですが…。

山田：あ、有美さん。こんにちは。

李　：裕子さん、今、忙しいですか。

山田：いいえ、食堂でお昼を食べています。

李　：お昼を食べてから、一緒に近くの新しいカフェへ行きませんか。

山田：新しいカフェですか。いいですね。

李　：とてもきれいで静かな所ですよ。コーヒーもおいしいし、ケーキも大きくておいしいんです。

山田：わあ、楽しみですね。それじゃ、30分後に正門の前で待っています。

李　：はい。じゃ、またあとで。

文型

1 食堂でお昼を食べています。

・金さんは図書館で本を読んでいます。

・今、音楽を聞いています。

2-1 ケーキも大きくておいしいんです。

・この携帯は小さくて軽いです。

・私の部屋は広くて明るいです。

2-2 とてもきれいで静かな所です。

・このカメラは簡単で便利です。

・朴さんの彼氏はまじめで親切です。

2-3 ～て

・朝起きて、顔を洗います。

・かぜをひいて、学校を休みました。

3 お昼を食べてから、近くの新しいカフェへ行きませんか。

・買い物をしてから、家に帰ります。

・A：少しお酒を飲んでから、食事をしませんか。

　B：ええ、そうしましょう。

4 コーヒーもおいしいし、ケーキもおいしいんです。

・このノートパソコンは古いし重いです。
・この店はきれいだし静かだから、人気がありますね。

5 分

1分	2分	3分	4分	5分	6分
いっぷん	にふん	さんぷん	よんぷん	ごふん	ろっぷん
7分	8分	9分	10分	11分	12分
ななふん	はっぷん	きゅうふん	じっぷん／じゅっぷん	じゅういっぷん	じゅうにふん
20分	30分	40分	50分	60分	
にじっぷん／にじゅっぷん	さんじっぷん／さんじゅっぷん	よんじっぷん／よんじゅっぷん	ごじっぷん／ごじゅっぷん	ろくじっぷん／ろくじゅっぷん	

練習問題

1 그림을 보고 답해 보세요.

竹下(たけした)さん　吉田(よしだ)さん　木村(きむら)さん　私　横井(よこい)さん

(1) 竹下さんは何をしていますか。

➡

(2) 吉田さんは何をしていますか。

➡

(3) 木村さんは何をしていますか。

➡

(4) 横井さんは何をしていますか。

➡

2 아래 두 그림의 다른 점을 말해 보세요.

보기　李さんはイヤリングをしています。
山田さんはイヤリングをしていません。

李さん　　山田さん

(1) 李さんはスカーフを＿＿＿＿＿＿＿＿
山田さんは＿＿＿＿＿＿＿＿

(2) 李さんはネックレスを＿＿＿＿＿＿＿＿
山田さんは＿＿＿＿＿＿＿＿

(3) 李さんは長袖を着ています。
山田さんは半袖を＿＿＿＿＿＿＿＿

(4) 李さんはパンツをはいています。
山田さんはスカートを＿＿＿＿＿＿＿＿

(5) 李さんはスニーカーを＿＿＿＿＿＿＿＿
山田さんはブーツを＿＿＿＿＿＿＿＿

単語

• ~ている		~(하)고 있다
• もしもし		여보세요
• 今	いま	지금
• ~てから		~(하)고 나서
• カフェ		카페
• ~て		~(하)고, ~(해)서
• コーヒー		커피
• おいしい		맛있다
• ~し		~(하)고
• ケーキ		케익
• 楽しみだ	たのしみだ	기대되다
• ~後	~ご	~후
• 正門	せいもん	정문

• 音楽	おんがく	음악
• 携帯	けいたい	핸드폰
• 小さい	ちいさい	작다
• 軽い	かるい	가볍다
• 明るい	あかるい	밝다
• カメラ		카메라
• まじめだ		성실하다, 부지런하다
• 洗う	あらう	씻다

・かぜをひく		감기 들다
・ノートパソコン		노트북 컴퓨터
・古い	ふるい	낡다, 오래 되다
・重い	おもい	무겁다
・店	みせ	가게
・イヤリング		귀걸이
・スカーフ		스카프
・ネックレス		목걸이
・長袖	ながそで	긴소매옷
・着る	きる	입다
・半袖	はんそで	짧은소매옷
・パンツ		바지
・はく		입다, 신다
・スカート		스커트
・スニーカー		운동화
・ブーツ		부츠

14 本を読んだり音楽を聞いたりします

裕子はひまな時どんなことをするでしょうか。

유우코는 한가할 때 무엇을 하나요?

(カフェで)

山田：有美さんはひまな時どんなことをしますか。

李　：私は本を読んだり、音楽を聞いたりします。裕子さんは。

山田：そうですね…。私も音楽を聞いたり、テレビを見たりします。でも、寮の休憩室では夜12時以降、テレビを見てはいけないんです。

李　：自分の部屋で音楽は聞いてもいいんですか。

山田：ええ。でも、ほかの人の迷惑になりますから、ヘッドフォンで聞いたほうがいいですよね。だから私もそうしているんです。

李　：へえ、裕子さんは思いやりがありますね。

山田：いいえ、そんなことありませんよ。みんなそうしていますから。

李　：ところで裕子さんはどんな音楽が好きですか。

山田：ロックが好きです。有美さんは。

李　：私もロックが好きです。

文型

1 本を読んだり、音楽を聞いたりします。

・休みの日には掃除をしたり、洗濯をしたりします。

・夜はビデオを見たり、音楽を聞いたりして過ごします。

2 テレビを見てはいけないんです。

・図書館でたばこを吸ってはいけません。

・勝手な行動をしてはいけません。

3 音楽は聞いてもいいんですか。

・テストの時、辞書を見てもいいですか。

・もう帰ってもいいですよ。

＊ボールペンで書かなくてもいいですよ。

4 ヘッドフォンで聞いたほうがいいですよね。

・A：熱が39度もあって頭が痛いんです。
　B：早く病院へ行ったほうがいいですよ。

・朝ごはんは食べたほうがいいです。

＊タクシーで行かないほうがいいですよ。

練習問題

1 서로 인터뷰하여 아래 칸에 기입해 보세요.

	さん	さん	さん
① 住まい			
② 専攻			
③ 誕生日			
④ 何人家族			
⑤ ひまな時は？			
⑥ 好きな食べ物			
⑦ 好きな音楽			

(1) お住まいはどちらですか。

(2) 専攻は何ですか。

(3) お誕生日はいつですか。

(4) ご家族は何人ですか。

(5) ひまな時、どんなことをしますか。

(6) どんな食べ物が好きですか。

(7) どんな音楽が好きですか。

2 다음 질문에 일본어로 답해 보세요.

(1) 授業中、音楽を聞いてもいいですか。

➡

(2) テストの時、辞書を見てもいいですか。

➡

(3) 授業中、たばこを吸ってもいいですか。

➡

(4) 授業中、勝手な行動をしてもいいですか。

➡

(5) 図書館でお弁当を食べてもいいですか。

➡

3 다음 문장을 일본어로 바꾸세요.

(1) 기숙사 휴게실에서는 밤 12시 이후 TV를 보면 안 됩니다.

➡

(2) 다른 사람에게 방해가 되니까 헤드폰으로 듣는 것이 좋아요.

➡

(3) 쉬는 날에는 청소를 하기도 하고 빨래를 하기도 합니다.

➡

(4) 볼펜으로 쓰지 않아도 됩니다.

➡

(5) 빨리 병원에 가는 것이 좋습니다.

➡

(6) 아침은 먹는 것이 좋습니다.

➡

4 CD를 듣고 답해 보세요.

(1) 夜10時頃 ________________________________

____

(2) 寮の部屋で ________________________________

____

(3) 友達が部屋に ________________________________

____

単語

~たり		~(하)거나
こと		일, 것
休憩室	きゅうけいしつ	휴게실
~以降	~いこう	~이후
~てはいけない		~(하)면 안 되다
自分	じぶん	자기, 자신
~てもいい		~(해)도 되다
迷惑になる	めいわくになる	폐를 끼치다
ヘッドフォン		헤드폰
~たほうがいい		~(하)는 것이 좋다
~よね		(종조사)
思いやり	おもいやり	배려
ところで		그런데

掃除	そうじ	청소
洗濯	せんたく	세탁, 빨래
ビデオ		비디오
過ごす	すごす	보내다
勝手だ	かってだ	제멋대로다
行動	こうどう	행동
テスト		시험
もう		이제

ボールペン		볼펜
熱	ねつ	열
頭	あたま	머리
痛い	いたい	아프다
早く	はやく	빨리
朝ごはん	あさごはん	아침밥
(お)住まい	(お)すまい	주소
専攻	せんこう	전공
いつ		언제
食べ物	たべもの	먹을 것, 음식
(お)弁当	(お)べんとう	도시락
頃	ころ、ごろ	~경
ガス		가스
台所	だいどころ	부엌
泊まる	とまる	묵다, 숙박하다

15 日本へ語学研修に行くつもりです

有美はいつ、どこへ行って何をするでしょうか。

유미는 언제 어디로 가서 무엇을 할 예정인가요?

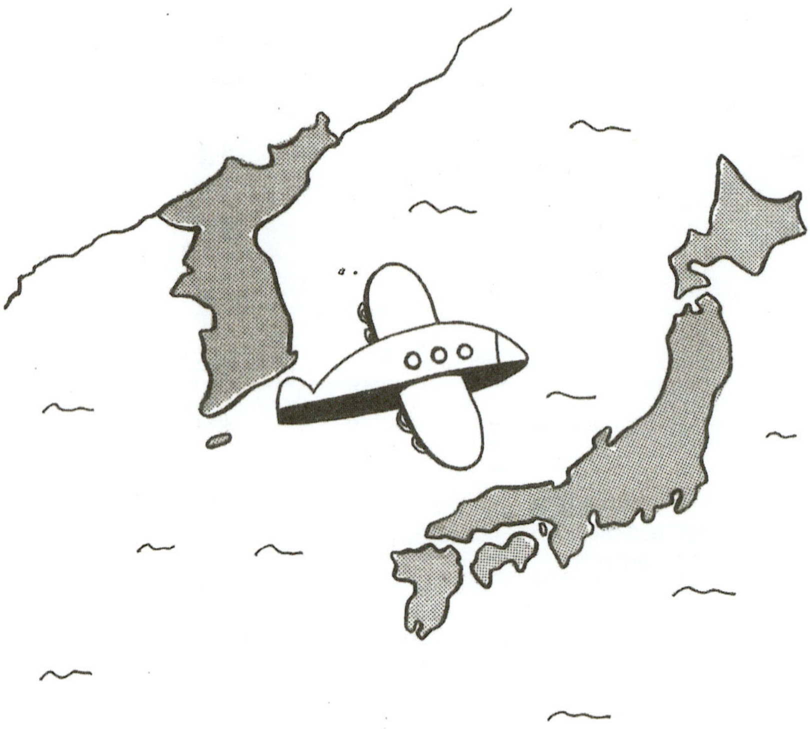

山田：有美さんは冬休みに何をしますか。

李　：日本へ語学研修に行くつもりです。

山田：いいですね。どのくらいの予定ですか。

李　：1か月の予定です。

山田：日本のどこへ行くんですか。

李　：東京がいいんですが、親戚がいるので北海道に行くかもしれません。ただ、冬の北海道はとても寒いでしょうね。

山田：札幌の寒さはソウルと同じぐらいじゃないですか。ソウルの人なら大丈夫だと思いますよ。

李　：札幌は雪祭りが有名だそうですね。

山田：ええ、外国からのお客さんもとても多いそうです。有美さんも冬の北海道に行ったら、ぜひ雪祭りを見に行ってくださいね。

文型

1 語学研修に行くつもりです。

・今日は早く帰るつもりです。

・私は大学を卒業したら、日本の会社で働くつもりです。

2 「～かもしれない」の接続形

	肯定		否定	
	現在	過去	現在	過去
い形容詞	暑い	暑かった	暑くない	暑くなかった
な形容詞	元気	元気だった	元気じゃない	元気じゃなかった
名　詞	学生	学生だった	学生じゃない	学生じゃなかった
動　詞	行く	行った	行かない	行かなかった

・北海道に行くかもしれません。

・この本は私には難しいかもしれません。

・洪さんは私より日本語が上手かもしれません。

3 ～なら

・ソウルの人なら大丈夫だと思います。

・忙しいなら、明日にしましょう。

・東京へ行くなら、東京タワーに行ってください。

	肯定	否定
い形容詞	寒いなら	寒くないなら
な形容詞	ひまなら	ひまじゃないなら
名　詞	友達なら	友達じゃないなら
動　詞	読むなら	読まないなら

4 ソウルの人なら大丈夫だと思います。

・金さんの方が正しいと思います。
・田中先生は3時に来ると思います。

5 雪祭りが有名だそうです。

・朴さんのお子さんは女の子だそうです。
・山田さんもいっしょに行くそうです。

• 「～そうだ(伝聞)」、「～と思う」の接続形

	肯定		否定	
	現在	過去	現在	過去
い形容詞	暑い	暑かった	暑くない	暑くなかった
な形容詞	元気だ	元気だった	元気じゃない	元気じゃなかった
名　詞	学生だ	学生だった	学生じゃない	学生じゃなかった
動　詞	行く	行った	行かない	行かなかった

練習問題

1 보기와 같이 바꾸어 보세요.

보기　冬休みに日本へ語学研修に行きます。
　　➡ 冬休みに日本へ語学研修に行くつもりです。

(1) あした、おすしを食べます。

➡

(2) 来月、北海道に行きます。

➡

(3) あさって、友達とカラオケに行きます。

➡

(4) 来週、レポートを書きます。

➡

(5) 来年、日本の会社で働きます。

➡

2 보기와 같이 「そうです」를 써서 표현해 보세요.

보기　外国からのお客さんもとても多いです。
　　➡ 外国からのお客さんもとても多いそうです。

(1) 山田さんはおすしが好きです。

➡

(2) 天気予報によると、明日は雨が降ります。

➡

(3) 山田さんもいっしょに行きます。

➡

(4) 冬の北海道はとても寒いです。

➡

(5) 雪祭りが有名です。

➡

(6) 朴さんのお子さんは女の子です。

➡

3 본문의 내용을 읽고 질문에 답해 보세요.

(1) 有美さんは冬休みに何をしますか。

➡

(2) 日本への語学研修はどのくらいの予定ですか。

➡

(3) 有美さんは日本のどこへ行きますか。

➡

(4) 札幌とソウルとどちらが寒いですか。

➡

(5) 札幌は何が有名ですか。

➡

単語

• 語学研修	ごがくけんしゅう	어학연수
• ～つもり		~(할) 예정
• 冬休み	ふゆやすみ	겨울 방학
• 予定	よてい	예정
• 親戚	しんせき	친척
• ～かもしれない		~일 지도 모르다
• ただ		다만, 단지
• 寒さ	さむさ	추위
• 同じ	おなじ	같음
• ～なら		~(하)면
• 大丈夫だ	だいじょうぶだ	괜찮다
• ～と思う	～とおもう	~일 것이다, ~고 생각하다
• 雪祭り	ゆきまつり	눈 축제
• ～そうだ		~고 하다
• 外国	がいこく	외국

• 卒業	そつぎょう	졸업
• 会社	かいしゃ	회사
• 働く	はたらく	일하다
• タワー		타워
• 正しい	ただしい	옳다, 바르다
• お子さん	おこさん	다른 사람의 자식

• **女の子**	おんなのこ	여자 아이
• **(お)すし**		생선초밥
• **来月**	らいげつ	다음 달
• **あさって**		모레
• **カラオケ**		노래방
• **来週**	らいしゅう	다음 주
• **レポート**		레포트
• **来年**	らいねん	내년
• **天気予報**	てんきよほう	일기 예보
• **~によると**		~에 따르면
• **雨**	あめ	비
• **降る**	ふる	(비, 눈 등이) 내리다

16 聞きたいことがあるんですが…

二人はどこについて話をするでしょうか。

두 사람은 어디에 대해서 이야기할까요?

山田：有美さん、ちょっと聞きたいことがあるんですが…。

李　：ええ、いいですよ。何ですか。

山田：今度の週末、武くんが韓国に遊びに来るんです。

李　：それはよかったですね。

山田：それで、彼が美術館に行きたがっているんですが、どこかいいところを知っていますか。

李　：大きい美術館もありますけど、仁寺洞の辺りには小さいギャラリーがたくさんあって雰囲気もいいですよ。

山田：そうですか。

李　：それに買い物もいろいろできますよ。

山田：工芸品もありますか。

李　：ええ。何かほしいものがあるんですか。

山田：武くんが扇子をほしがっているんです。

李　：仁寺洞に行けば、きっといいものがありますよ。

文型

1 聞きたいことがあるんですが。

・私はパンが食べたいです。
・沖縄には一度行ってみたいです。

2 彼が美術館に行きたがっているんです。

・金さんが田中先生に会いたがっています。
・有美さんが日本の家庭料理を食べたがっています。

3 何かほしい物があるんですか。

・私はクリスマスに新しいくつがほしいです。
・Ａ：誕生日、おめでとう。
　Ｂ：わあ、こんなの、ほしかったんです。

4 武くんが扇子をほしがっているんです。

・子どもが犬をほしがっています。
・兄は去年、コンピューターをほしがっていましたが、
　今年は車をほしがっています。

5 どこかいいところを知っていますか。

・何かほしい物がありますか。
・朴さんが誰か知っていますか。
・期末試験はいつか教えてください。

練習問題

1 보기와 같이 바꾸어 보세요.

	보기	①	②	③
いつ	11月	5月	夏休み	冬休み
どこへ	日本	沖縄	ヨーロッパ	アメリカ
泊まる所	ホテル	旅館	ユースホステル	友達の家
どのくらい	2泊3日	1週間	2か月間	1か月間

보기　A: いつ旅行に行きたいですか。

B: <u>11月です</u>。

A: どこへ行きたいですか。

B: <u>日本へ行きたいです</u>。

A: どこに泊まりたいですか。

B: <u>ホテルです</u>。

A: どのくらい行きたいですか。

B: <u>2泊3日です</u>。

2 다음 문장을 일본어로 바꾸어 보세요.

(1) 좀 물어보고 싶은 것이 있는데요.

➡

(2) 그가 미술관에 가고 싶어하는데, 어딘가 좋은 곳을 압니까?

➡

(3) 유우코 씨가 한국의 가정요리를 먹고 싶어합니다.

➡

(4) 나는 빵을 먹고 싶습니다.

➡

(5) 다케시 군이 부채를 갖고 싶어해요.

➡

(6) 인사동에 가면 분명히 좋은 것이 있을 거예요.

➡

(7) 게다가 쇼핑도 다양하게 할 수 있어요.

➡

(8) 인사동 주변에는 작은 갤러리가 많이 있어 분위기도 좋아요.

➡

(9) 무엇인가 갖고 싶은 것이 있어요?

➡

(10) 기말 시험은 언제인지 가르쳐 주세요.

➡

3 CD를 듣고 답해 보세요.

(1) ______________________ がほしいです。

➡ ______________________ から。

(2) ______________________ がほしいです。

➡ ______________________ から。

(3) ______________________ がほしいです。

➡ ______________________ から。

4 CD를 듣고 답해 보세요.

(1) ______________________。

(2) ______________________。

(3) ______________________。

単語

~たい		~(하)고 싶다
今度	こんど	이번, 다음
~くん		~군
それで		그래서, 그런데
美術館	びじゅつかん	미술관
~たがる		~(하)고 싶어 하다
知る	しる	알다
辺り	あたり	근처
ギャラリー		갤러리
いろいろ		여러 가지
できる		할 수 있다
工芸品	こうげいひん	공예품
何か	なにか	무언가
ほしい		갖고 싶다
もの		것
扇子	せんす	접는 부채
ほしがる		갖고 싶어하다
きっと		꼭, 반드시

パン		빵
家庭料理	かていりょうり	가정요리
クリスマス		크리스마스
くつ		구두

• おめでとう		축하해(요)
• わあ		(감탄사)
• こんな		이런
• 犬	いぬ	개
• 去年	きょねん	작년
• コンピューター		컴퓨터
• 車	くるま	자동차
• だれか		누군가
• いつか		언젠가
• 期末試験	きまつしけん	기말시험
• ヨーロッパ		유럽
• ホテル		호텔
• 旅館	りょかん	여관
• ユースホステル		유스호스텔
• ２泊３日	にはくみっか	2박3일
• 旅行	りょこう	여행
• 仕事	しごと	일
• 大変だ	たいへんだ	힘들다
• 山	やま	산
• 危ない	あぶない	위험하다
• 日	ひ	날
• 外	そと	밖

17 ご両親がいらっしゃるそうです

だれが、いつ、何をするでしょうか。

누가 언제 무엇을 할까요?

朴　：裕子さん、ご両親が韓国にいらっしゃるそうですね。

山田：ええ。

朴　：いつ、いらっしゃるんですか。

山田：来月来る予定ですが、まだホテルを予約していません。

朴　：どのぐらい滞在なさるんですか。

山田：まだはっきり分かりませんが、３泊４日ぐらいです。

最近は飛行機の料金がとても高いようですよ。

朴　：お父さんがそうおっしゃっていたんですか。

山田：ええ、父が値段にとてもびっくりしていました。それに

韓国旅行は特に人気があるみたいで、予約が大変そうです。

朴　：じゃ、早くしなければいけませんね。

文型

1 「～ようだ」の接続形

	肯定		否定	
	現在	過去	現在	過去
い形容詞	美しい	美しかった	美しくない	美しくなかった
な形容詞	静かな	静かだった	静かじゃない	静かじゃなかった
名　詞	学生の	学生だった	学生じゃない	学生じゃなかった
動　詞	話す	話した	話さない	話さなかった

・飛行機の料金がとても高いようです。

・中田さんは私の秘密をしゃべったようです。

＊今日は暖かくて、まるで春のようです。

2 「～みたいだ」の接続形

	肯定		否定	
	現在	過去	現在	過去
い形容詞	美しい	美しかった	美しくない	美しくなかった
な形容詞	静か	静かだった	静かじゃない	静かじゃなかった
名　詞	学生	学生だった	学生じゃない	学生じゃなかった
動　詞	話す	話した	話さない	話さなかった

・韓国旅行は特に人気があるみたいです。

・金さんは先に帰ったみたいです。

＊あの子は男の子みたいです。

3 予約が大変そうです。

・このケーキはおいしそうです。

・今日は雨が降りそうです。
・彼女は頭がよさそうです。
・鄭さんは元気がなさそうです。

4 尊敬語

辞書形	尊敬語	
行く	いらっしゃる	いらっしゃいます
来る		
いる		
言う	おっしゃる	おっしゃいます
する	なさる	なさいます

・韓国にいらっしゃるそうです。
・金先生はどこにいらっしゃいますか。
・すみませんが、もう一度おっしゃってください。
・コーヒーになさいますか、紅茶になさいますか。

5 まだ予約をしていません。

・A：ご飯は食べましたか。
　B：いいえ、まだ食べていません。
・その映画はまだ見ていません。

6 早くしなければいけません。

・11時までに家に帰らなければいけませんよ。
・１週間ほど病院に通わなければいけないんです。

練習問題

1 다음 밑줄을 경어 표현으로 바꾸어 보세요.

(1) ご両親が韓国に<u>来る</u>そうですね。

➡

(2) どのくらい<u>滞在する</u>んですか。

➡

(3) お父さんがそう<u>言っていた</u>んですか。

➡

(4) むこうから<u>来る</u>人は誰ですか。

➡

(5) 金先生はどこに<u>いますか</u>。

➡

2 보기와 같이 「ようだ」를 붙여 보세요.

보기　最近は飛行機の料金がとても高いですよ。
　➡ 最近は飛行機の料金がとても高いようですよ。

(1) 今日は暖かくて、まるで春です。

➡

(2) 李さんは私の秘密をしゃべりました。

➡

(3) 木村さんは学生じゃありませんでした。

➡

3 보기와 같이 「みたいだ」를 붙여 보세요.

보기　韓国旅行は特に人気があります。
➡ 韓国旅行は特に人気があるみたいです。

(1) あの子は男の子です。
➡

(2) 金さんは先に帰りました。
➡

(3) あまり高くありませんでした。
➡

4 다음 문장을 일본어로 바꾸어 보세요.

(1) 다음달에 올 예정인데, 아직 호텔을 예약하지 않았습니다.
➡

(2) 한국 여행은 특히 인기가 있는 것 같아서 예약이 힘든 것 같습니다.
➡

(3) 그럼 빨리 해야겠네요.
➡

(4) 언제 오십니까?
➡

(5) 그 영화는 아직 보지 않았습니다.
➡

単語

- (ご)両親　(ご)りょうしん　부모님
- いらっしゃる　가시다, 오시다, 계시다
- まだ　아직
- 予約　よやく　예약
- 滞在　たいざい　체재, 체류
- なさる　하시다
- はっきり　분명히
- 3泊4日　さんぱくよっか　3박4일
- 最近　さいきん　최근, 요즘
- 飛行機　ひこうき　비행기
- 料金　りょうきん　요금
- ～ようだ　~인 것 같다
- おっしゃる　말씀하시다
- 値段　ねだん　가격
- びっくりする　놀라다
- 特に　とくに　특히
- ～みたいだ　~인 것 같다
- ～そうだ　~인 것 같다
- ～なければいけない　~(해)야 하다, ~(하)지 않으면 안 되다

- 美しい　うつくしい　아름답다
- 秘密　ひみつ　비밀

• しゃべる		말하다
• まるで		마치
• 紅茶	こうちゃ	홍차
• ～ほど		～정도
• 通う	かよう	다니다
• むこう		저 쪽

18 辛いものが食べられますか

二人は料理ができるでしょうか。

두 사람은 요리를 할 줄 알까요?

李　：裕子さんは韓国で中華料理を食べたことがありますか。

山田：日本ではよく食べましたが、韓国ではまだ食べたことがありません。

李　：辛いものも食べられますか。

山田：ええ、好きですよ。私はだいたい何でも食べられます。

李　：じゃ、いろいろな料理もできますか。

山田：実はあまりできないんです。カレーライスのような簡単なものなら作れるんですが、難しいものはちょっと…。有美さんはどうですか。

李　：私は料理が好きなので、家でよく作るんです。

山田：すごいですね。じゃ、今度教えてください。

李　：いいですよ。

山田：よろしくお願いします。

文型

1 中華料理を食べたことがありますか。

・A：日本に行ったことがありますか。
　B：いいえ、まだ行ったことがありません。

・そんな話は一度も聞いたことがありません。

2 可能形

辞書形	可能形	
洗う	あらえる	あらえます
歩く	あるける	あるけます
勝つ	かてる	かてます
作る	つくれる	つくれます
着る	きられる	きられます
出る	でられる	でられます
来る	こられる	こられます
する	できる	できます

・辛いものも食べられますか。

・日本語は話せますが、英語は話せません。

・まだ17歳なので、車の運転はできません。

練習問題

1 다음 질문에 답해 보세요.

(1) ________さんは中華料理を食べたことがありますか。

➡

(2) ________さんはおすしを食べたことがありますか。

➡

(3) ________さんはカラオケに行ったことがありますか。

➡

(4) ________さんは日本に行ったことがありますか。

➡

(5) ________さんは温泉に行ったことがありますか。

➡

(6) ________さんは日本の歌を聞いたことがありますか。

➡

(7) ________さんは日本の映画を見たことがありますか。

➡

2 다음을 일본어로 바꾸어 보세요.

(1) 카레라이스 같은 간단한 것이라면 만들 수 있습니다.

➡

(2) 아직 17살이라서 차 운전은 할 수 없습니다.

➡

(3) 일본어는 할 수 있지만 영어는 할 수 없습니다.

➡

(4) 나는 대개 아무거나 먹을 수 있습니다.

➡

(5) 나는 요리를 좋아해서 집에서 자주 만들어요.

➡

3 다음 빈칸을 채워 보세요.

洗う	あらえる	あらえます
歩く		
	かてる	
		つくれます
話す		
着る		
		たべられます
	でられる	
		こられます
する		

4 CD를 듣고 답해 보세요.

(1) ＿＿＿＿＿＿＿＿＿＿＿＿＿＿＿＿。

(2) ＿＿＿＿＿＿＿＿＿＿＿＿＿＿＿＿。

(3) ＿＿＿＿＿＿＿＿＿＿＿＿＿＿＿＿。

単語

辛い	からい	맵다
中華料理	ちゅうかりょうり	중화요리
~たことがある		~(한) 적이 있다
よく		자주
だいたい		대개
実は	じつは	실은
カレーライス		카레라이스
作る	つくる	만들다
すごい		대단하다
教える	おしえる	가르치다

そんな		그런
歩く	あるく	걷다
勝つ	かつ	이기다
運転	うんてん	운전
温泉	おんせん	온천
歌	うた	노래

19 武くんにもらいました

裕子は彼氏のプレゼントを何にするでしょうか。

유우코는 남자친구에게 무엇을 선물할까요?

朴　：あ、裕子さん、新しい時計ですね。

山田：ええ、誕生日に武くんにもらったんです。

朴　：へえ、いいですね。そんな素敵なプレゼントをくれる彼氏がいて、うらやましいです。裕子さんは武さんの誕生日が来たら何をあげるんですか。

山田：実は、彼の誕生日が来月なので、何をあげようか迷っているんです。

朴　：財布やベルトにすれば、どうですか。

山田：ああ、財布なら喜ぶと思います。そういえば、彼の財布はもう古いから…。

朴　：今ならバーゲン中じゃないですか。

山田：じゃ、今日、時間があったら一緒にデパートへ行きませんか。

朴　：ええ、いいですよ。

山田：何時に行きましょうか。

朴　：午後になると混むから、今、行きましょう。

文型

1 授受動詞

あげる

・私は山本さんに本をあげました。

・金さんは朴さんに花をあげるそうです。

くれる

・金さんは私にお土産をくれました。

・佐藤さんは私の妹に絵をくれました。

もらう

・私は李さんに古い辞書をもらうつもりです。

・兄は友達に手紙をもらいました。

2 動詞の「意志形」

買う→　かおう 書く→　かこう 飲む→　のもう 作る→　つくろう	起きる →　おきよう 食べる →　たべよう	来る →　こよう する →　しよう

・何をあげようか迷っているんです。

・夏休みにはアメリカへ行こうと思っています。

・明日は早く起きよう。

3 ～ば

	辞書形	肯定	否定
い形容詞	近い	ちかければ	ちかくなければ
動　　詞	行く	いけば	いかなければ

・財布やベルトにすれば、どうですか。

・雨が降れば、私は行きません。

・易しい会話はわかりますが、難しければわかりません。

4 ～と

	肯定	否定
い形容詞	寒いと	寒くないと
な形容詞	ひまだと	ひまじゃないと
名　　詞	友達だと	友達じゃないと
動　　詞	読むと	読まないと

・午後になると混みます。

・この道をまっすぐ行くと、図書館があります。

・気温が低いと、さくらはなかなか咲きません。

練習問題

1 아래 그림에 알맞은 표현을 밑줄에 채워 보세요.

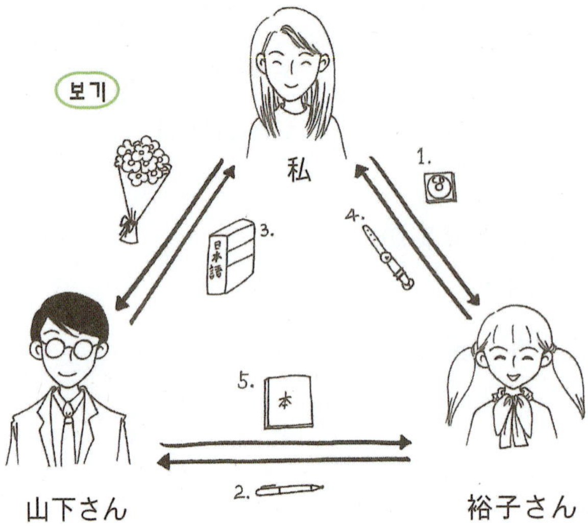

보기　私は山下さんに花束をあげました。

(1)　私は裕子さんに____________________

(2)　裕子さんは山下さんに____________________

(3-1)　山下さんは私に____________________

(3-2)　私は____________________

(4-1)　私は____________________

(4-2)　裕子さんは私に____________________

(5)　山下さんは____________________

2 보기와 같이 「と」를 붙여 보세요.

보기 午後になります + 混みます
➡ 午後になると混みます

(1) この道をまっすぐ行きます + 図書館があります
➡

(2) 気温が低いです + さくらはなかなか咲きません
➡

(3) 冬になります + 雪が降ります
➡

3 다음을 일본어로 바꾸어 보세요.

(1) 여름 방학에는 미국에 가려고 합니다.
➡

(2) 내일은 일찍 일어나자.
➡

(3) 지갑이나 벨트로 하면 어때요?
➡

(4) 비가 오면 나는 가지 않습니다.
➡

(5) 쉬운 회화는 이해하지만 어려우면 모릅니다.
➡

単語

• もらう		받다
• 素敵だ	すてきだ	멋지다
• プレゼント		선물
• くれる		주다
• あげる		주다
• ~(よ)う		~(하)려고 하다, ~(하)자
• 迷う	まよう	망설이다, 고민하다
• 財布	さいふ	지갑
• ベルト		벨트
• ~ば		~(하)면
• 喜ぶ	よろこぶ	기뻐하다
• そういえば		그러고 보니
• バーゲン		바겐세일
• ~中	~ちゅう	~중
• 午後	ごご	오후
• ~と		~(하)면
• 混む	こむ	붐비다

• お土産	おみやげ	선물, 토산품
• 絵	え	그림
• 手紙	てがみ	편지
• 易しい	やさしい	쉽다

• **会話**	かいわ	회화
• **気温**	きおん	기온
• **低い**	ひくい	낮다
• **なかなか**		좀처럼
• **咲く**	さく	피다
• **雪**	ゆき	눈
• **花束**	はなたば	꽃다발

20 母にしかられました

有美は今日、なぜ元気がないのでしょうか。

유미는 오늘 왜 기운이 없을까요?

山田：有美さん、元気がないみたいですね。どうしたんですか。

李　：昨日の夜、帰りが遅くなってしまって、母にすごくしかられたんです。これからは早く帰るように言われました。

山田：どうして遅くなったんですか。

李　：久しぶりに高校時代の友達に会って、話が尽きなかったんです。

山田：そうですか。

李　：来週のクリスマスパーティーも行けないかもしれません。

山田：ええ？本当ですか。少しだけ顔を出して早く帰れば、お母さんも何も言わないでしょう。

李　：そうだといいんですけど…。一度家で相談してみます。

山田：有美さんが来ないとさびしいから、一緒に行きましょうね。

文型

1 受身形

辞書形	受身形	
思う	おもわれる	おもわれます
書く	かかれる	かかれます
しかる	しかられる	しかられます
見る	みられる	みられます
ほめる	ほめられる	ほめられます
来る	こられる	こられます
する	される	されます

・母は私をしかった。
　➡（私は）母にしかられた。
・山口先生はいつも朴さんをほめます。
　➡ 朴さんはいつも山口先生にほめられます。
・兄が弟をなぐりました。
　➡ 弟が兄になぐられました。

2 帰りが遅くなってしまいました。

・いつの間にか、お金が全部なくなってしまいました。
・みんな先に帰ってしまったので、だれもいません。

3 早く帰るように言われました。

・なるべく野菜を食べるようにしています。
・先生に辞書を使わないように言われました。

4 「～でしょう」の接続形

	肯定		否定	
	現在	過去	現在	過去
い形容詞	美しい	美しかった	美しくない	美しくなかった
な形容詞	静か	静かだった	静かじゃない	静かじゃなかった
名　詞	女の子	女の子だった	女の子じゃない	女の子じゃなかった
動　詞	書く	書いた	書かない	書かなかった

・お母さんも何も言わないでしょう。

・金さんはもう日本に着いたでしょう。

・伊藤先生は若い頃、すてきだったでしょうね。

練習問題

1 다음 빈칸을 채워 보세요.

しかる	しかられる	しかられます
見る		
		言われます
		行かれます
なぐる		
	書かれる	
する		
	来られる	

2 보기와 같이 「でしょう」를 붙여 보세요.

보기　お母さんも何も言いません。
➡ お母さんも何も言わないでしょう。

(1) 金さんはもう日本に着きました。

➡

(2) 伊藤先生は若い頃、すてきでした。

➡

(3) 明日は雨です。

➡

(4) あの店は静かじゃありません。

➡

3 다음을 일본어로 바꾸어 보세요.

(1) 기운이 없는 것 같네요.

➡

(2) 어제 밤 귀가가 늦어져서 어머니에게 심하게 혼났어요.

➡

(3) 왜 늦었어요?

➡

(4) 다음 주 크리스마스 파티도 못 갈 지도 몰라요.

➡

(5) 잠깐만 얼굴 내밀고 빨리 집에 가면, 어머니도 아무 말씀 안 하겠지요.

➡

(6) 한번 집에서 의논해 볼게요.

➡

(7) 유미 씨가 안 오면 섭섭하니까 같이 가요.

➡

(8) 모두 먼저 집에 가 버려서 아무도 없습니다.

➡

(9) 어느 새 돈이 전부 없어져 버렸습니다.

➡

4 CD를 듣고 답해 보세요.

(1) ____。

(2) ____。

(3) ____。

5 CD를 듣고 답해 보세요.

(1) ____。

(2) ____。

(3) ____。

単語

• しかる		혼내다
• 元気	げんき	기운, 힘
• どうしたんですか		무슨 일이에요?
• 帰り	かえり	귀가
• 遅い	おそい	늦다
• ～てしまう		～(해) 버리다
• ～ように		～(하)도록
• 高校時代	こうこうじだい	고등학교 시절
• 尽きる	つきる	끝나다
• パーティー		파티
• 顔を出す	かおをだす	잠깐 들르다
• 相談	そうだん	의논
• さびしい		섭섭하다, 쓸쓸하다

• ほめる		칭찬하다
• いつも		언제나
• 殴る	なぐる	때리다
• いつの間にか	いつのまにか	어느 새
• なくなる		없어지다
• なるべく		되도록
• 野菜	やさい	야채
• 若い	わかい	젊다
• 着く	つく	도착하다
• もっと		더
• 準備	じゅんび	준비
• 住む	すむ	살다
• 探す	さがす	찾다
• (お金が)かかる		(돈이) 들다
• たまには		가끔은
• 詳しい	くわしい	자세하다
• 調べる	しらべる	알아보다

21 先輩がお酒を飲ませました

裕子はどうしてカラオケに行くのが嫌いでしょうか。

유우코는 왜 가라오케에 가는 것을 싫어할까요?

山田：クリスマスパーティーに李さんが来てくれて、とてもうれしかったです。お母さん、大丈夫でしたか。

李　：ええ、なんとか、母に行かせてもらいましたが…。
お酒を飲まないで、早く帰ると約束したのに、また遅くなってしまいました。

山田：あ、そういえば、金先輩が李さんにお酒を飲ませましたね。

李　：そうなんです。お酒に酔って、また、帰りが遅くなってしまって、母にすごくしかられました。

山田：そうですか。年末は集まりが多いから、どうしても帰りが遅くなりますね。

李　：それに、歌は苦手なのに、金先輩が歌わせて…

山田：李さん、歌、上手じゃないですか。

李　：いえ、全然、駄目ですよ。

山田：私は李さんが歌が上手で、びっくりしました。うらやましい。

李　：そんな。

山田：私は歌うのが苦手だから、カラオケに行くのがいやなんです。
他の人の歌を聞くだけなのは好きなんですが、先輩とかが、歌を歌わせるから、行きたくないんです。

文型

1 金先輩が李さんにお酒を飲ませました。

・母は私ににんじんを食べさせました。

・子どもに部屋の掃除をさせました。

・娘もここに来させました。

2 李さんが来てくれて、うれしかったです。

・重い荷物を持ってあげました。

・彼女にセーターを編んでもらいました。

・田中さんが家まで送ってくれました。

3 お酒を飲まないで、帰ると約束しました。

・友達に会えないで、残念です。

・笑わないで、私の話を聞いてください。

・辞書を使わないで、読めるようになりました。

4 私は歌うのが苦手だから、カラオケに行くのがいやです。

・音楽を聞いたり、テレビを見たりするのが好きです。

・弟は絵を描くのが好きです。

・私は満員電車に乗るのがいやです。

練習問題

1 예와 같이 문장을 완성해 보세요.

보기　お酒を飲む ➡ お酒を飲ませる

(1) 本を読む ➡

(2) お使いに行く ➡

(3) 嫌いな食べ物を食べる ➡

(4) 学校に来る ➡

(5) そうじをする ➡

2 다음 화살표 방향을 참고로 하여「～てあげる,～てくれる,～てもらう」를 써서 예와 같이 바꾸세요.

보기　私 ⬅ 彼女(セーター)
　　　私は彼女にセーターを編んでもらいました。

(1) 私 ➡ おばあさん(重い荷物)
私はおばあさんの重い荷物を＿＿＿＿＿＿＿＿＿＿＿＿

(2) 私 ⬅ 友達(財布)
友達は私に財布を＿＿＿＿＿＿＿＿＿＿＿＿

(3) 私 ⬅ 友達(財布)
私は友達に財布を＿＿＿＿＿＿＿＿＿＿＿＿

(4) 私 ➡ 妹(宿題)
私は妹の宿題を＿＿＿＿＿＿＿＿＿＿＿＿

3 다음 두 문장을 「ないで」를 써서 예와 같이 연결해 보세요.

보기　お酒を飲む ＋ 早く帰りました

➡ お酒を飲まないで、早く帰りました。

(1) 雨が降る ＋ 本当によかったです

➡

(2) 帽子をかぶる ＋ 出かけました

➡

(3) 怒る ＋ 私の話を聞いてください

➡

(4) 辞書を使う ＋ 新聞が読めるようになりました

➡

4 예와 같이 쓰세요.

보기　私は本を読むのが好きです。（趣味：読書）

(1) ______________________________（趣味：音楽）

(2) ______________________________（趣味：映画）

(3) ______________________________（趣味：テニス）

(4) ______________________________（趣味：ジョギング）

単語

• ~せる、~させる		~하게 하다
• ~てくれる		~해 주다
• なんとか		그럭저럭, 간신히
• ~てもらう		~해 받다
• ~ないで		~하지 말고
• 約束	やくそく	약속
• 先輩	せんぱい	선배
• 酔う	よう	취하다
• 年末	ねんまつ	연말
• 集まり	あつまり	모임
• 全然	ぜんぜん	전혀
• 駄目だ	だめだ	안되다
• 歌う	うたう	노래하다
• いやだ		싫다
• ~とか		~라든가, ~든지

• にんじん		당근
• 掃除	そうじ	청소
• 娘	むすめ	딸
• 荷物	にもつ	짐
• 持つ	もつ	들다
• ~てあげる		~해 주다

• **編む**	あむ	짜다
• **送る**	おくる	데려다 주다
• **残念だ**	ざんねんだ	안타깝다
• **笑う**	わらう	웃다
• **辞書**	じしょ	사전
• **描く**	かく	그리다
• **満員電車**	まんいんでんしゃ	만원전철
• **乗る**	のる	타다
• **お使い**	おつかい	심부름
• **セーター**		스웨터
• **宿題**	しゅくだい	숙제
• **かぶる**		(모자 등을) 쓰다
• **出かける**	でかける	외출하다
• **怒る**	おこる	화내다
• **新聞**	しんぶん	신문
• **ジョギング**		조깅

22 山田さんの日記

裕子はなぜ李さんのような人がうらやましいですか。

유우코는 왜 이유미 같은 사람이 부럽습니까?

今年のクリスマスパーティーは韓国に来て2回目のクリスマスパーティーだった。今年も、とても楽しかった。

クリスマスパーティーで私と李さんは先輩にお酒を飲まされた。李さんはお酒が弱いので、すぐ酔ってしまった。私は父に似てお酒が強いほうだから、たくさん飲んでもあまり酔わない。だから、たまに李さんのような人がうらやましい。早く酔いたい時もあるので。

今年も二次会はカラオケだった。私は歌うのが苦手だから、カラオケは、あまり好きじゃない。先輩に無理に歌わされた。

韓国の歌を歌わされたが、練習不足で、結局、日本の歌を歌った。本当は今年こそ韓国の歌を歌うはずだったのに。来年は、もっと練習して韓国の歌を歌おうと思う。

先輩と後輩がみんな集まって、いろいろな話をしながら、本当に楽しい思い出を作った。

文型

1 私と李さんは先輩にお酒を飲まされた。

・私は母ににんじんを食べさせられました。

・忙しいのに、お使いに行かされました。

・子どもの時、無理に勉強させられました。

2 日本の歌を歌った。

・昨日の誕生パーティーはとても楽しかった。

・その町は静かだった。

・先週の出来事は本当に不思議だった。

3 韓国の歌を歌うはずだった。

・彼も今日の会議に来るはずです。

・彼女も今年、能力試験を受けるはずです。

・今日から、レポートを書くはずだった。

4 いろいろな話をしながら、楽しい思い出を作った。

・音楽を聞きながら、公園を走る。

・ポップコーンを食べながら、映画を見ました。

・ジュースを飲みながら、パソコンゲームをします。

練習問題

1 예와 같이 문장을 바꿔 보세요.

보기　先輩が私にお酒を飲ませる ➡ 私は先輩にお酒を飲まされる

(1) 母が私ににんじんを食べさせる ➡

(2) 先生が私に本を読ませる ➡

(3) 友達が私にうそをつかせる ➡

(4) 父が私にマラソン大会に出させる ➡

(5) 弟が私に時計を買わせる ➡

2 다음 일기를 보통체로 바꿔 보세요.

11月24日(日曜日)

今日、久しぶりに高校の時の友達に会いました。12時に新宿で会って、ピザを食べました。とてもおいしかったです。お昼を食べてから映画を見ました。以前から見たかったホラー映画でした。少し怖かったですが、面白かったです。

その後、お茶を飲みに行きました。とてもきれいで、静かでした。二人でお茶を飲みながら、高校時代の話をしました。本当に楽しい一日でした。

3 일기를 써 보세요.

月　　日（　　曜日）

____

____

____

____

____

4 CD를 듣고 답해 보세요.

(1) ______________________________。

そうしたら、______________________________。

(2) ______________________________。

そうしたら、______________________________。

(3) ______________________________。

そうしたら、______________________________。

単語

• 日記	にっき	일기
• ～される、～させられる		~하게 당하다, ~하도록 시키다
• 弱い	よわい	약하다
• 似る	にる	닮다
• 強い	つよい	강하다
• 時	とき	때
• 二次会	にじかい	2차
• 無理に	むりに	억지로
• 練習不足	れんしゅうぶそく	연습부족
• 結局	けっきょく	결국
• ～はずだ		~(당연히) 할것이다
• 後輩	こうはい	후배
• 集まる	あつまる	모이다
• ～ながら		~하면서
• 思い出	おもいで	추억

• 誕生パーティー	たんじょうパーティー	생일파티
• 出来事	できごと	생긴 일
• 不思議だ	ふしぎだ	신기하다
• 会議	かいぎ	회의
• 能力試験	のうりょくしけん	능력시험
• 受ける	うける	(시험을) 보다

- **走る** はしる 달리다
- **ポップコーン** 팝콘
- **ジュース** 쥬스
- **パソコンゲーム** 컴퓨터게임
- **うそ** 거짓말
- **マラソン大会** マラソンたいかい 마라톤 대회
- **ピザ** 피자
- **以前** いぜん 이전
- **ホラー映画** 공포영화
- **怖い** こわい 무섭다
- **だめだ** 안 되다
- **塾** じゅく 학원

23 きっとお似合いになりますよ

三人はこれから何を買いに行きますか。

셋은 지금부터 무엇을 사러 갑니까?

(カフェで)

山田　：有美さん、こちらは私の母です。
　　　　お母さん、同じ大学で日本語を勉強している有美さん。

李　　：はじめまして。李有美です。裕子さんには、いつもお世話になっています。

山田の母：こちらこそ、お世話になっています。有美さんは日本語がお上手ですね。

李　　：いいえ、そんなこと。あ、お母さん、こちらのソファにお座りください。

母　　：どうもありがとう。

(外で)

李　　：お母さんは、どんなものを買われるんですか？

山田　：韓国に来た記念に、チマチョゴリを買いたがっているんです。うちの母に似合うと思いますか?

李　　：お母さんは背がお高いから、きっとお似合いになりますよ。

母　　：あら、うれしいわ。

山田　：じゃあ、どこで買えばいいですか。

李　　：まず、東大門に行ってみましょうか。

文型

1 背がお高いですね。/ 日本語がお上手ですね。

・おきれいな娘さんですね。

・中村先生はいつもお若いです。

2 どんなものを買われるんですか。

・田中先生は先に帰られましたよ。

・どんな小説を読まれましたか。

・佐藤さんはどこで英語の勉強をされましたか。

3 きっとお似合いになりますよ。

・あのうわさ、もうお聞きになりましたか。

・このケーキ、おいしいですね。誰がお作りになったんですか。

4 こちらのソファにお座りください。

・少々、こちらでお待ちください

・室内では携帯の電源をお切りください。

・明日、必ずご連絡ください。

練習問題

1 보기와 같이 두 가지 경어표현으로 바꾸세요.

보기　誰が作りましたか。➡ どなたが<u>作られましたか</u>。
どなたが<u>お作りになりましたか</u>。

(1) 先生は先に帰りました。➡

(2) どんなものを買いますか。➡

(3) どんな小説を読みましたか。➡

2 보기와 같이 더 공손하게 부탁해 보세요.

보기　ここで待ってください。➡ こちらでお待ちください。

(1) 携帯の電源を切ってください。➡

(2) ここに座ってください。➡

(3) 明日、連絡してください。➡

3 일본어로 쓰세요.

(1) 키가 크시네요. ➡

(2) 어디서 영어 공부를 하셨습니까? ➡

(3) 일본어를 잘하시네요. ➡

(4) 우선 동대문에 가 볼까요? ➡

(5) 항상 신세 지고 있습니다. ➡

単語

- (お)世話になる　(お)せわになる　신세를 지다, 폐를 끼치다
- ソファ　소파
- 記念　きねん　기념
- チマチョゴリ　치마 저고리
- 似合う　にあう　어울리다, 걸맞다
- 背　せ/せい　키, 등
- あら　(여자가 쓰는) 감탄사
- わ　(여자가 쓰는) 종조사

- 娘さん　むすめさん　따님, 아가씨
- うわさ　소문
- 少々　しょうしょう　잠시, 약간
- 明日　あした　내일
- 室内　しつない　실내
- 電源　でんげん　전원
- 切る　きる　끄다, 끊다, 자르다
- 必ず　かならず　반드시, 꼭

• **連絡**	れんらく	연락
• **どなた**		어느 분

24 お目にかかってお話ししたいんですが

裕子はなぜ研究室に行きましたか。

유우코는 왜 교수 연구실로 찾아갔을까요?

（電話で）

山田　：金先生、山田です。あの、直接お目にかかってお話ししたいんですが。

金教授：そうですか。今日は、これから会議があるので明日、研究室に来てください。

（研究室で）

山田　：先生、ごぶさたしてすみません。これ先日、母が日本から持ってきたおみやげですが、どうぞ。

教授　：ああ、どうもありがとう。今日はどんな用事ですか。

山田　：とうとう、来月日本に帰国することになりました。

教授　：山田さんが来て、もう一年経ちましたか。

山田　：それで、もう少し韓国にいたいのですが、どうしたらいいでしょうか。

教授　：そうですね。日本の大学を休学する方法、日本の大学をやめてうちの大学に再入学する方法、日本の大学を卒業してうちの大学院に進学する方法等があると思いますが。

山田　：日本の大学をやめるのは、ちょっと。

教授　：では、来月日本に帰って、ご両親と相談なさったらどうですか。

山田　：はい、そうします。一年間本当にありがとうございました。

文型

1 お話ししたいんです。

・先生には私がお知らせします。

・そのかばん、お持ちしましょうか。

・こちらからお電話します。

・ホテルまでご案内しますので、少しお待ちください。

2 特殊な謙譲表現

辞書形	謙譲語
会う	お目にかかる
聞く / 訪問する	うかがう
言う	申す / 申し上げる
する	いたす
食べる	いただく

・お目にかかって、お話したいです。

・私が研究室にうかがいます。

3 来月帰国することになりました。

・来年、アメリカの大学へ行くことになりました。

・武さんと結婚することになりました。

4 大学を休学する方法があります。

・大学をやめるのは、ちょっと。

・これが今学期、使う教科書です。

・日本で撮った写真です。

練習問題

1 보기와 같이 겸양표현으로 바꾸세요.

보기　そのかばん、私が持ちます。➡ そのかばん、私がお持ちします。

(1) 先生には私が知らせます。➡

(2) 話したいことがあります。➡

(3) ホテルまで案内します。➡

2 보기와 같이 명사수식의 표현으로 바꾸세요.

보기　今学期はこの教科書を使います。➡ これは今学期、使う教科書です。

(1) 来年このホテルに行きます。➡

(2) この写真は日本で撮りました。➡

(3) このケーキは私が作りました。➡

3 일본어로 쓰세요.

(1) 직접 뵙고 말씀드리고 싶습니다. ➡

(2) 제가 연구실로 찾아뵙겠습니다. ➡

(3) 내년에 미국 대학교로 가게 되었습니다. ➡

(4) 일년 동안 정말로 감사합니다. ➡

4 CD를 듣고 답해 보세요.

(1) ____ 。

(2) ____ 。

(3) ____ 。

5 CD를 듣고 답해 보세요.

(1) ____ 。

(2) ____ 。

(3) ____ 。

単語

- 直接　ちょくせつ　직접
- 研究室　けんきゅうしつ　연구실
- ごぶさたしてすみません　오랜만에 만날 때, 하는 인사
- 先日　せんじつ　요전, 지난 번
- 用事　ようじ　용건, 볼일
- 帰国　きこく　귀국
- 経つ　たつ　(시간 등이) 지나다, 경과되다
- 休学　きゅうがく　휴학
- 方法　ほうほう　방법
- やめる　그만 두다
- 再入学　さいにゅうがく　재입학
- 大学院　だいがくいん　대학원
- 進学　しんがく　진학
- 等　など　등
- 本当に　ほんとうに　정말로

- 知らせる　しらせる　알리다
- 案内　あんない　안내
- 結婚　けっこん　결혼

• **撮る**	とる	(사진 등을) 찍다
• **留守番電話**	るすばんでんわ	자동응답전화
• **メール**		메일
• **届く**	とどく	도착하다
• **お知らせ**	おしらせ	알림
• **お宅**	おたく	댁
• **セミナー**		세미나
• **かしこまりました**		잘 알겠습니다
• **呼ぶ**	よぶ	부르다

付録

助数詞

	個	度	本	階	足	冊	年
1	いっこ	いちど	いっぽん	いっかい	いっそく	いっさつ	いちねん
2	にこ	にど	にほん	にかい	にそく	にさつ	にねん
3	さんこ	さんど	さんぼん	さんかい /さんがい	さんぞく	さんさつ	さんねん
4	よんこ	よんど	よんほん	よんかい	よんそく	よんさつ	よねん
5	ごこ	ごど	ごほん	ごかい	ごそく	ごさつ	ごねん
6	ろっこ	ろくど	ろっぽん	ろっかい	ろくそく	ろくさつ	ろくねん
7	ななこ	ななど	ななほん	ななかい	ななそく	ななさつ	ななねん /しちねん
8	はちこ /はっこ	はちど	はっぽん	はちかい /はっかい	はっそく	はっさつ	はちねん
9	きゅうこ	きゅうど	きゅうほん	きゅうかい	きゅうそく	きゅうさつ	きゅうねん
10	じゅっこ /じっこ	じゅうど	じゅっぽん /じっぽん	じゅっかい /じっかい	じゅっそく /じっそく	じゅっさつ /じっさつ	じゅうねん
何	なんこ	なんど	なんぼん	なんかい /なんがい	なんぞく	なんさつ	なんねん
※	回(かい) か月(かげつ)	枚(まい) 台(だい)	匹(ひき) 杯(はい)			週間(しゅうかん)	

助数詞練習

보기　A：ネクタイは何本ありますか。

B：1本、あります。

～本	보기　ネクタイ 1本、
～人	
～匹	
～個	
～冊	
～足	
～枚	
～台	

新出単語索引

※ 3 課以降の単語を五十音順に掲載

あ

か

さ

た

な

は

ま

教養 日本語

지은이 町田小雪 · 兪京和 · 佐渟
그린이 尹基玉
펴낸이 조경희
펴낸곳 경문사
펴낸날 2002년 2월 1판 1쇄
2024년 2월 개정판 7쇄
등 록 1979년 11월 9일 제1979-000023호
주 소 04057, 서울특별시 마포구 와우산로 174
전 화 (02)332-2004 팩스 (02)336-5193
이메일 kyungmoon@kyungmoon.com

값 17,000원

ISBN 978-89-6105-210-8 03730